雄关漫道

北方的著名古代关隘

肖东发 主编　张学亮 编著

中国出版集团

现代出版社

图书在版编目（CIP）数据

雄关漫道：北方的著名古代关隘 / 张学亮编著. —
北京：现代出版社，2014.5（2019.1重印）
ISBN 978-7-5143-2333-7

Ⅰ．①雄… Ⅱ．①张… Ⅲ．①关隘－介绍－中国
Ⅳ．①K928.77

中国版本图书馆CIP数据核字(2014)第057093号

雄关漫道：北方的著名古代关隘

主　　编：肖东发
作　　者：张学亮
责任编辑：王敬一
出版发行：现代出版社
通信地址：北京市定安门外安华里504号
邮政编码：100011
电　　话：010-64267325 64245264（传真）
网　　址：www.1980xd.com
电子邮箱：xiandai@cnpitc.com.cn
印　　刷：三河市华晨印务有限公司
开　　本：710mm×1000mm　1/16
印　　张：9.25
版　　次：2015年4月第1版　　2021年3月第4次印刷
书　　号：ISBN 978-7-5143-2333-7
定　　价：29.80元

　　党的十八大报告指出："文化是民族的血脉，是人民的精神家园。全面建成小康社会，实现中华民族伟大复兴，必须推动社会主义文化大发展大繁荣，兴起社会主义文化建设新高潮，提高国家文化软实力，发挥文化引领风尚、教育人民、服务社会、推动发展的作用。"

　　我国经过改革开放的历程，推进了民族振兴、国家富强、人民幸福的中国梦，推进了伟大复兴的历史进程。文化是立国之根，实现中国梦也是我国文化实现伟大复兴的过程，并最终体现为文化的发展繁荣。习近平指出，博大精深的中国优秀传统文化是我们在世界文化激荡中站稳脚跟的根基。中华文化源远流长，积淀着中华民族最深层的精神追求，代表着中华民族独特的精神标识，为中华民族生生不息、发展壮大提供了丰厚滋养。我们要认识中华文化的独特创造、价值理念、鲜明特色，增强文化自信和价值自信。

　　如今，我们正处在改革开放攻坚和经济发展的转型时期，面对世界各国形形色色的文化现象，面对各种眼花缭乱的现代传媒，我们要坚持文化自信，古为今用、洋为中用、推陈出新，有鉴别地加以对待，有扬弃地予以继承，传承和升华中华优秀传统文化，发展中国特色社会主义文化，增强国家文化软实力。

　　浩浩历史长河，熊熊文明薪火，中华文化源远流长，滚滚黄河、滔滔长江，是最直接的源头，这两大文化浪涛经过千百年冲刷洗礼和不断交流、融合以及沉淀，最终形成了求同存异、兼收并蓄的辉煌灿烂的中华文明，也是世界上唯一绵延不绝而从没中断的古老文化，并始终充满了生机与活力。

　　中华文化曾是东方文化摇篮，也是推动世界文明不断前行的动力之一。早在500年前，中华文化的四大发明催生了欧洲文艺复兴运动和地理大发现。中国四大发明先后传到西方，对于促进西方工业社会的形成和发展，曾起到了重要作用。

　　中华文化的力量，已经深深熔铸到我们的生命力、创造力和凝聚力中，是我们民族的基因。中华民族的精神，也已深深植根于绵延数千年的优秀文化传统之中，是我们的精神家园。

　　总之，中华文化博大精深，是中国各族人民五千年来创造、传承下来的物质文明和精神文明的总和，其内容包罗万象，浩若星汉，具有很强的文化纵深，蕴含丰富宝藏。我们要实现中华文化伟大复兴，首先要站在传统文化前沿，薪火相传，一脉相承，弘扬和发展五千年来优秀的、光明的、先进的、科学的、文明的和自豪的文化现象，融合古今中外一切文化精华，构建具有中国特色的现代民族文化，向世界和未来展示中华民族的文化力量、文化价值、文化形态与文化风采。

　　为此，在有关专家指导下，我们收集整理了大量古今资料和最新研究成果，特别编撰了本套大型书系。主要包括独具特色的语言文字、浩如烟海的文化典籍、名扬世界的科技工艺、异彩纷呈的文学艺术、充满智慧的中国哲学、完备而深刻的伦理道德、古风古韵的建筑遗存、深具内涵的自然名胜、悠久传承的历史文明，还有各具特色又相互交融的地域文化和民族文化等，充分显示了中华民族的厚重文化底蕴和强大民族凝聚力，具有极强的系统性、广博性和规模性。

　　本套书系的特点是全景展现，纵横捭阖，内容采取讲故事的方式进行叙述，语言通俗，明白晓畅，图文并茂，形象直观，古风古韵，格调高雅，具有很强的可读性、欣赏性、知识性和延伸性，能够让广大读者全面接触和感受中国文化的丰富内涵，增强中华儿女民族自尊心和文化自豪感，并能很好继承和弘扬中国文化，创造未来中国特色的先进民族文化。

2014年4月18日

凤凰城关——山西宁武关

古隘雄风——大散关偏头关

甘肃玉门关

玉门关始置于汉武帝开通西域道路并设置河西四郡之时，因西域输入玉石时取道于此而得名。玉门关在汉代时是通往西域各地的门户。

公元前116年至公元前105年修筑酒泉至玉门之间的长城时，玉门关随之设立了。在当时，玉门关与另一重要关隘阳关都是都尉治所和重要的屯兵之地。

多少年来，玉门关早已不再是存活在西北苍凉地域上的一座城池或关隘了，而是边塞情怀里绵延千年的一个符号或一座丰碑。

丝绸之路的重要关口

■汉武帝刘彻画像

汉武帝刘彻是我国西汉时期的第七位皇帝，他奠定了中华疆域版图，首开了丝绸之路。

丝绸之路将我国的丝绸、漆器、铁器、桃、杏、梨、冶金术、凿井技术、养蚕技术、四大发明等传到了外国，而来自外国的是汗血宝马、胡萝卜、葡萄、核桃、大葱、芝麻、黄瓜、蚕豆等。

在我国丝绸之路上，来往着无数的商队。为了确保丝绸之路的安全与畅通，在大约公元前121年至公元前107年间，汉武帝下令在甘肃敦煌的小方盘城，也就是丝绸之路通往西域

■ 丝绸之路示意图

北道咽喉的要隘处，修建了一个关卡，这里是西域输入玉石的主要道路，因此就取名为"玉门关"了。

玉门关的关城为正方形，黄土垒就的城墙，高10米，上宽3米，下宽5米，东西长24米，南北宽26.4米，面积633平方米，西北各开一道门。

关于玉门关名称的来历，还有另外一个传说呢！

在古时候，玉门关附近的地形十分复杂，沼泽遍布、沟壑纵横、森林蔽日、杂草丛生。每当丝绸之路上运玉石的商队赶上酷热天气上路时，为避免白天人、畜中暑，总是会在凉爽的夜晚赶路。

但是，夜晚驿站附近的道路总是被黑暗笼罩着，导致商队辨不清方向，就连经常往返于此路的年老马匹也会晕头转向，难以识途，因此这段路途便名"马迷途"。

冶金术 又称"金丹术""炼金术""点金术"或"黄白术"，是炼制"神丹"的方法。我国古时流传着"成仙"的说法，古人认为人的肉体可借助某种神奇的药物而获得永生，而冶金术被古人认为是制作这种"神丹"的唯一方法。

■ 玉门关遗址

　　在往返于马迷途的众多商队之中，有一支专贩玉石和丝绸的商队，常年奔波于这条道路上，也常常在马迷途这里迷失方向。

　　有一次，这个商队刚进入马迷途就迷了路。正在人们焦急万分之际，不远处落下一只孤雁。商队中一个心地善良的小伙子发现了这只孤雁，就悄悄地把它抓住抱在怀里，准备走出马迷途后再放掉它。

　　不一会儿，只见大雁流着眼泪对小伙子"咕噜咕噜"地叫着说："咕噜咕噜，给我食，咕噜咕噜，能出迷途。"

　　小伙子听后恍然大悟，知道大雁是因为饿得飞不动了才掉队的，就立即拿出自己的干粮和水喂这只大雁。大雁吃饱以后，就飞上天空，不断飞翔，领着商队走出了马迷途，顺利地到达了目的地的小方盘城。

　　过了一段时间，这支商队又在"马迷途"迷失了方向，那只大雁又飞来了，又在空中叫着："咕噜、咕噜，商队迷路。咕噜、咕噜，方盘镶玉。"

　　大雁边叫边飞，又一次引着商队走出了"马迷途"。大雁飞走时所说的话，只有救那只大雁的小伙子才能听得懂。

这个小伙子就把大雁的意思转告给领队的头领说："大雁叫我们在小方盘城上镶上一块夜光墨绿的玉石，以后商队有了目标，就再也不会迷路了。"

头领听后，心里一盘算，一块夜光墨绿玉要值几千两银子，实在舍不得，就没有答应。

没想到后来商队又一次在"马迷途"迷了路，导致数天找不到水源，人人嘴干舌燥，口渴得寸步难行，连骆驼都干渴地喘着粗气，生命危在旦夕。

正在此时，那只大雁又飞来了，并在上空叫道："商队迷路，方盘镶玉，不舍墨玉，绝不引路。"

小伙子听后急忙转告头领说："大雁说，如果舍不得镶嵌墨玉的话，它就不会再为咱们引路了。"

头领慌了手脚，连忙和小伙子商量对策。小伙子说："你赶快跪下向大雁起誓'一定镶玉，绝不食言'，否则，咱们真有危险了。"

头领马上按照小伙子所说，跪下向着大雁起誓说，如果大雁肯为

■ 小方盘城遗址

■ 小方盘城

我们引路，那么走出迷途之后，我们一定会镶嵌墨玉的。

大雁听后，在空中旋转片刻，把商队又一次引出了"马迷途"，使商队又一次得救了。

走出"马迷途"以后，商队的头领没有食言，立刻在自己的商队里挑了一块最大最好的夜光墨玉镶在当地关楼的顶端。每当夜幕降临之际，这块墨玉便发出耀眼的光芒，连方圆数十千米之外都能看得清清楚楚。

后来，自从有了夜光墨绿玉作为路标后，过往商队就再也没有迷路了。

那个关楼上有了一块玉，从此这里就改名为"玉门关"了。

阅读链接

玄奘是唐代高僧，我国四大名著之一的《西游记》，写的就是玄奘取经的故事。在《西游记》中，玄奘的取经之行得到了唐王朝的支持，并有李世民亲自为其送行。然而在历史上，玄奘是逃出去的。

玄奘逃出玉门关后，历时10多年，经历了种种磨难，终于取回了真经，被称为一代高僧，流传千古。

玉门关的历代迁址

公元前121年至公元前107年间，西汉的第七位皇帝，汉武帝下令修建两关，即阳关和玉门关。

关于汉代玉门关的情况，据史书《汉书·地理志》记载，汉代的

■ 玉门关小方盘城

《括地志》 唐代时的一部大型地理著作，由唐代初期魏王李泰主编。《括地志》全书正文550卷、序略5卷，创立了一种新的地理书体裁。全书分述辖境各县的沿革、地貌、地名、山川、城池、古迹、神话传说、重大历史事件等。

玉门关与另一重要关隘阳关，均位于敦煌郡龙勒县境，皆为都尉治所，为重要的屯兵之地。

在当时，玉门关与阳关战略位置十分重要，中原与西域交通必须取道两关。在王莽末年，中原与西域断绝了来往，玉门关也随之关闭。东汉初期，西域大道北移，玉门关的关城再未复建。

对于汉玉门关的关址，唐宋时期的一些古籍，如《括地志》《元和郡县图志》等，均认为汉代玉门关的关址在唐寿昌县西北59千米处。唐代的寿昌县，就是后来敦煌南湖的寿昌故城址。

而敦煌遗书《沙州图经》《沙州城土镜》《寿昌县地境》等则都认为，汉玉门关的关址在唐寿昌县北的80千米处。

还有人认为，最早的汉玉门关在敦煌之东，即玉门县，就是后来玉门赤金附近。公元前103年，汉将李广利伐大宛后才迁到敦煌西北。

后来，人们依据敦煌马圈湾等地烽燧遗址所出

■ 玉门关远景

■ 玉门关遗址

的汉简，以及对当地地形、驿道相关位置等考证得出结论认为，玉门关应位于临要燧东侧，玉门侯官燧西侧，似在小方盘城西11千米的马圈湾遗址西南6千米处，通往西域的古驿道就从此高地中间穿过。

后来，在隋唐时期，玉门关的关址由敦煌西北迁至敦煌以东的瓜州晋昌县境内了。

根据记录我国古代佛教法相唯识宗的创始人玄奘所著《大慈恩寺三藏法师传》的记载，当年玄奘法师西行求经，629年的秋天抵达瓜州晋昌城，也就是后来的甘肃省安西锁阳城。

玄奘渡过葫芦河，通过了河上的玉门关。据此，人们普遍认为，隋唐时期的玉门关位于锁阳城北30千米处，也就是安西县城东50千米处的疏勒河岸双塔堡附近。

隋唐时期的玉门关地址后来移至距离汉玉门关东240千米之处，这里正处于交通枢纽地位，东通酒泉，西抵敦煌，南接瓜州，西北与伊州相邻。

玄奘 是我国汉传佛教史上最伟大的译经师之一，也是我国佛教法相唯识宗创始人。玄奘所译佛经，多用直译，笔法谨严，所撰有《大唐西域记》。玄奘的故事在民间广泛流传，例如《西游记》中心人物唐僧，即是以玄奘为原型。

而且傍山带河，地势险要。其四周有山顶、路口、河口要隘，还保存有古烽燧11座，如苜蓿烽、乱山子烽等。

隋唐时期的玉门关是夯筑，残宽3.5米至4米，残高0.3米至0.75米，南北160米，东西155米，开东、西两门，四周环以护城河。关墙内外散落着大量素面灰陶片、碎砖块、花岗岩石条、残石磨等。

后来，五代宋初的时候，玉门关的地址又移动到了肃州城西35千米至50千米之处，也就是距离隋唐玉门关东边200千米一个叫"石关峡"的地方。

关于玉门关东移的原因，有两个方面。一是从当时河西走廊一带的政治军事形势来看，石关峡的位置正当东面的甘州回鹘与西面的瓜沙归义军政权的分界处，自然成为东西交通的要口；二是与当时第五道的废弃，以及沙州社会长期稳定，沙州及其以西道路的畅通密切相关。

■ 玉门关遗址

■ 玉门关遗址

第五道虽然驿程较短，可以从瓜州直接到达伊州而无需绕行敦煌，但要穿越400千米的莫贺延碛，极乏水草，路况险恶。

反过来，如果由瓜州绕经沙州再至伊州，这个路程相比于第五道远了近50千米，但沿途戈壁沙漠的规模较小，水草条件稍好，行走比较容易。

在宋代初期的敦煌遗书等史籍中可以看出，这一时期瓜州、沙州社会安定，穿越河西走廊来往的行旅皆经由沙州而往，而未见有人走第五道的，表明该道已弃之不用了，该道上设置的唐玉门关也随之废弃，被新的玉门关所取代了。

沙州 也就是后来的甘肃省敦煌。敦煌四周皆为沙漠戈壁包围，位处塔克拉玛干沙漠东端边缘，气候干燥，气温变化大，地面缺少经常性流水，植物稀少矮小，为风沙地貌，因此古时被称为"沙州"。

阅读链接

在玉门关一带，每年春节，乡村群众都会自发组织各种社火表演活动。社火是我国西北地区古老的民间艺术形式，是指在祭祀或节日里迎神赛会上的各种杂戏、杂耍的表演。

社火的规模从几十人至上百人不等。玉门关一带的社火种类多，花样新，既有本地土色土香的传统社火，也有外地的精品社火。

神秘的大方盘城河仓城

汉玉门关是最早的玉门关，这里有多处古迹名胜，包括关城遗址、河仓古城、汉长城、雅丹魔鬼城等。人们来到玉门关更多的是凭吊历史，而玉门关周围众多古迹名胜的存在，使玉门关不再单调，大

■玉门关复原模型

大丰富了玉门关的内涵。

这里的玉门关遗迹是一座四方形小城堡，因此，这座遗址又被人们形象地称为"小方盘城"。

玉门关遗址耸立在东西走向戈壁滩狭长地带中的砂石岗上，南边有盐碱沼泽地，北边不远处是哈拉湖，再往北是长城，长城以北是疏勒河故道。

玉门关的关城全部用黄土夯筑而成，面积约600多平方米。西、北两面各开一门，城垣东西长24.5米，南北宽26.4米，残垣高9.7米，上宽3.7米，下宽4米，南北墙下宽4.9米。

在玉门关关城的城顶四周，有一条宽1.3米的走道，设有内外女儿墙，即房屋外高出屋面的矮墙。在关城城内东南角，有一条宽不足一米的马道，靠东墙向南转上可直达顶部。

玉门关遗址四周沼泽遍布，沟壑纵横，长城蜿蜒，烽燧空立，胡杨挺拔，泉水碧绿，柳绿花红，芦

城垣 古代围绕城市的城墙，其广义还包括城门、城楼、角楼、马面和瓮城。城门和城墙转角处加厚的墙体称为"城台"和"角台"，其上的建筑称"城楼"和"角楼"。马面是城外附城而筑的一座座墩台，战时便于夹击攻城敌人，有时在城门外三面包筑小城，以加强城门处的防卫，称为"瓮城"。

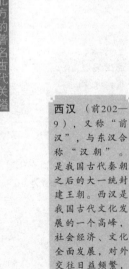

■ 玉门关遗址

苇摇曳，美景与古关雄姿交相辉映，使人心驰神往，百感交集，怀古之情油然而生。

在玉门关遗址小方盘城东北10多千米处，有一个遗址叫河仓城，俗称"大方盘城"。据说河仓城建于西汉时期，它是玉门关守军的军需仓库。

河仓城位于东西走向的疏勒河古道旁的凹地上，西面约50米处是一个大湖泊。湖泊水平如镜，蔚蓝透明，岸边长满芦苇、红柳、甘草。

河仓城的东面是深不可测的沼泽地。河仓城建在高出湖滩3米左右的土台地上。因临疏勒河，故称"河仓城"。河仓城是古代我国西北长城边防至今存留下来的古老的、规模较大的、罕见的军需仓库。

河仓城的南北均有高出城堡数丈的大戈壁，戈壁高高耸立，好像是要把河仓城怀抱起来，这使河仓城极为隐蔽。从河仓城经过时，如果不是走到近旁，是很难发现这座仓城的。

河仓城坐南向北，夯土版筑，呈长方形。东西长约132米，南北宽约17米，残垣最高处6.7米，城内有南北方向的两堵墙，将其隔为相等并排的三座仓库，每库向南开一门。

由于历史久远，河仓城的四壁多已颓塌，只有北壁较为完整。墙壁上下置有三角形小洞，上三下五，间隔距离相等。

在河仓城外围的东、西、北三面，加筑有两重围墙。第一重围墙尚有断墙，四角有土墩建筑痕迹，第二重围墙仅存北面的土墩痕迹。

河仓城自汉代至魏晋一直是长城边防储备粮秣的重要军需仓库。当时，把守玉门关、阳关、长城、烽燧，以及西进东归的官兵将士全部从此库中领取粮食、衣物、草料供给，以保证他们旺盛的战斗力。

阅读链接

班超是东汉著名的军事家和外交家，更是一位非常有名的英雄人物，而班超晚年在病中等待下诏进入玉门关回故国的寂寞，更是让人感叹不已。

班超的一生是辉煌的一生，但令班超流传千古的还是他西出玉门关，成功经营西域。当年已入中年的班超，带着国家先后配发的几千名囚犯和热血青年，西出玉门关，经营西域20多年，有力地加强了汉朝对西域的统治，也为西域的发展做出了重要贡献。

正是班超几十年的西域寂寞生活，才有了"但愿生入玉门关"的千古佳句。后来，班超的这句诗成了玉门关边塞情结的象征，许多文人在诗中都曾提到这个典故。

古关留下的名篇佳话

骆宾王雕像

我国上下几千年，有很多的诗人都为玉门关留下了名篇佳作。

唐代诗人骆宾王出生于619年，在"唐初四杰"中，骆宾王最擅长七言、五言，他的诗文无论抒情、说理或叙事，都能运笔如舌，挥洒自如。

骆宾王曾经因事被贬至西域。来到西域从军之后，骆宾王归心悠悠，写出了"魂迷金阙路，望断玉门关"之句。

■ 山西永济鹳雀楼上王之涣铜像

骆宾王的这一名句就出自他的《在军中赠先还知己》。诗中写道：

> 蓬转俱行役，瓜时独未还。
>
> 魂迷金阙路，望断玉门关。
>
> 献凯多惭霍，论封几谢班。
>
> 风尘催白首，岁月损红颜。
>
> 落雁低秋塞，惊凫起暝湾。
>
> 胡霜如剑锷，汉月似刀环。
>
> 别后边庭树，相思几度攀。

在这首《在军中赠先还知己》中，骆宾王表达的是对友人思念。

王之涣，字季凌，生于688年，是盛唐著名诗

五言 也就是五言诗。五言诗是每句五个字的诗体，是我国古典诗歌的主要形式。五言诗全篇由五字句构成，可以容纳更多的词汇。在音节上，五言诗奇偶相配，也更富于音乐美。五言诗还可以分为五言律诗和五言绝句。

人，以善于描写边塞风光著称。王之涣为人豪放不羁，常击剑悲歌。他做过几任小官，其诗多被当时乐工制曲歌唱，名动一时。

唐代开元中后期，诗人王之涣进入凉州城，听到哀怨的笛声后，写下了《凉州词》这首诗，表达对远戍士卒的同情。

《凉州词》又名《出塞》，诗中写道：

> 黄河远上白云间，一片孤城万仞山。
> 羌笛何须怨杨柳，春风不度玉门关。

诗中的"羌笛"是我国古代西方羌人所吹的笛子。"杨柳"指羌笛吹奏的《折杨柳》曲。

玉门关外，春风不度，杨柳不青，离人想要折一枝杨柳寄情也不能，这比折柳送别更为艰难。而广大戍守玉门关的战士，见不到自己的亲人，长年累月地生活在关外。

玉门关石碑

这首诗描写了边塞凉州雄伟壮阔、荒凉寂寞的景象。诗人以一种特殊的视角描绘了黄河远眺的特殊感受，同时也展示了边塞地区壮阔、荒凉的景色。

全诗悲壮苍凉，流落出一股慷慨之气，边塞的酷寒正体现了戍守边防的征人回不了故乡的哀怨，表达了王之涣对于战争的厌恶，对即将逝去生命的战士的哀叹、无奈。

王之涣这首诗写戍边士兵的怀乡情，写得苍凉慷慨，悲而不失其

壮，虽极力渲染戍卒不得还乡的怨情，但丝毫没有颓丧消沉的情调。

首句"黄河远上白云间"抓住远眺的特点，描绘出一幅动人的图画。辽阔的高原上，黄河奔腾而来，远远向西望去，好像是从白云中流出来的一般。

次句"一片孤城万仞山"，写塞上的孤城。在高山大河的环抱下，一座地处边塞的孤城巍然屹立。这两句描写了祖国山川的雄伟气势，勾勒出玉门关的地理形势，突出了戍边士卒的荒凉境遇。

古人有临别折柳相赠的风俗。"柳"与"留"谐音，赠柳表示留念。北朝乐府《鼓角横吹曲》有《折杨柳枝》，歌词写道：

上马不捉鞭，反拗杨柳枝。
下马吹横笛，愁杀行客儿。

歌中提到了行人临去时折柳。这种折柳赠别之风在唐代极为流行。于是，杨柳和离别就有了密切的联

北朝 是我国历史上与南朝同时代的北方王朝的总称，其中包括了北魏、东魏、西魏、北周等数个王朝。北朝结束了我国从八王之乱起将近150年的中原混战的局面，后世的隋唐两朝都是继承了北朝，又从军事和政治制度等各个领域都沿袭了北朝的制度。

■ 玉门关外风光

绝句 起源于两汉，成形于魏晋南北朝，兴盛于唐朝，当时都是四句一首，称为"联句"，《文心雕龙·明诗》所谓"联句共韵，则柏梁余制"。唐宋两代，是中国经典诗歌的黄金时代，绝句风靡于世，创作之繁荣，名章佳什犹如群芳争艳，美不胜收，可谓空前绝后。

系。当戍边士卒听到羌笛吹奏着悲凉的《折杨柳》曲调时，就难免会触动离愁别恨。

在这种环境中忽然听到了羌笛声，所吹的曲调恰好是《折杨柳》，这就不能不勾起戍卒的离愁。

《凉州词》的第三句用豁达的语调排解道，羌笛何须老是吹奏那哀怨的《折杨柳》曲调呢？要知道，玉门关外就是春风吹不到的地方，哪有杨柳可折！

说"何须怨"，并不是没有怨，也不是劝戍卒不要怨，而是说怨也没用。用了"何须怨"三字，使诗意更加含蓄，更有深意。

王昌龄也是和王之涣同一时期的唐代著名边塞诗人。王昌龄擅长七言绝句，作品多写边塞、送别，气象雄浑，情意隽永，语言精练生动，音律铿锵悠扬。

王昌龄曾经写过多首《从军行》。《从军行》是汉代乐府《平调曲》调名，内容多数描写军队的战斗生活。其中的一首写道：

青海长云暗雪山，孤城遥望玉门关。

黄沙百战穿金甲，不破楼兰终不还！

羌笛 也被称为"羌管"，用油竹制成，竖着吹奏，两管发出同样的音高，音色清脆高亢，并带有悲凉之感。羌笛是我国古老的单簧气鸣乐器，在唐代时是很常见的边塞乐器。羌笛的音色明亮，清脆婉转，一般用于独奏。

青海上空的阴云遮暗了雪山，遥望着远方的玉门关。塞外的将士身经百战磨穿了盔和甲，攻不下西部的楼兰城誓不回来。

这首诗描绘了边塞将士在漫长而严酷的战斗生活中誓死杀敌，"不破楼兰终不还"的坚强意志和决心。王昌龄以高度的概括描绘了绵延千里阴云惨淡的战斗环境。

诗的前两句直指玉门关要塞，青海湖上空，长云弥漫。湖的北面，横亘着绵延千里的隐隐雪山。越过雪山，就是矗立在河西走廊荒漠中的一座孤城。再往西，就是和孤城遥遥相对的军事要塞玉门关。

前两句里一共提到三个地名，雪山，孤城，玉门关。其中的雪山指的是河西走廊南面横亘延伸的祁连山脉。这幅集中了东西数千里广阔地域的长卷，就是当时

■ 王昌龄（698—756），字少伯。盛唐著名边塞诗人，后人誉为"七绝圣手"。他早年贫贱，困于农耕，年近不惑，才中进士。其诗以七绝见长，尤以登第之前赴西北边塞所作边塞诗最为著名，有"诗家夫子王江宁"之誉。

西北边关戍边将士生活、战斗的环境。

当时唐代在西、北方的强敌，一是吐蕃，一是突厥。而"孤城"之中的河西节度使的任务，就是隔断吐蕃与突厥的交通，一镇兼顾西方、北方两个强敌，防御吐蕃，守护河西走廊。

诗中的"青海"地区，正是吐蕃与唐军多次作战的场所。而"玉门关"外，则是突厥的势力范围。这两句里所暗示的戍边将士对边防形势的关注，对自己所担负的任务的自豪感、责任感，以及戍边生活的孤寂、艰苦之感，都融合在诗句中悲壮、开阔而又迷蒙暗淡的景色里。

诗句的第三句，"百战"是比较抽象的，而"黄沙"两字突出了西北战场的特征。"百战"而至"穿金甲"，暗示出了战斗的艰苦激烈。但是，金甲尽管磨穿，将士的报国壮志却并没有被磨灭，而是在

■ 楼兰古城的断壁

■ 玉门关小方盘城

大漠风沙的磨炼中变得更加坚定。

第四句"不破楼兰终不还"，就是身经百战的将士豪壮的誓言。"黄沙"尽管写出了战争的艰苦，但是拥有豪情壮志的戍边将士却并不回避战争的危险和惨烈，为了保卫祖国，一切的付出都是值得的。

李白所处的唐代时期，国力虽然强盛，但是边塞的战乱却从未消停过。

由于李白叹息着征战将士的辛劳，和将士们家中亲人的思念，这位才华横溢的诗人在他的一首《关山月》中也提到了玉门关。诗中写道：

> 明月出天山，苍茫云海间；
> 长风几万里，吹度玉门关。
> 汉下白登道，胡窥青海湾；
> 由来征战地，不见有人还。
> 戍客望边邑，思归多苦颜；
> 高楼当此夜，叹息未应闲。

李白（701—762），字太白，号青莲居士，唐朝著名的诗人，有"诗仙"之称，伟大的浪漫主义诗人，为唐诗的繁荣与发展打开了新局面，歌行体和七绝达到后人难及的高度。李白存世诗文千余篇，代表作有《蜀道难》《将进酒》等诗篇，有《李太白集》传世。

■ 玉门关烽火台遗址

巍巍天山，苍茫云海，一轮明月倾泻银光一片。浩荡长风，掠过几万里关山，来到戍边将士驻守的边关。汉高祖出兵白登山征战匈奴，吐蕃觊觎青海大片河山。这些历代征战之地，有幸生还者很少。

戍边兵士仰望边城，思归家乡愁眉苦颜。当此皓月之夜，高楼上望月怀夫的妻子，同样也在频频哀叹，远方的亲人啊，你几时能卸甲洗尘归来？

开头四句是一幅包含着关、山、月在内的辽阔的边塞图景，描写了将士们戍守在天山之西，回首东望，所看到的是明月从天山升起的景象。

接下去"长风几万里，吹度玉门关"，士卒们身在西北边疆，月光下伫立遥望故园时，但觉长风浩浩，似掠过几万里中原国土，横渡玉门关而来。长风、明月、天山、玉门关，构成了一幅万里边塞图。

"汉下白登道，胡窥青海湾。由来征战地，不见有人还。"下，指出兵。青海湾一带是唐军与吐蕃连年征战之地，这种历代无休止的战争，使出征的战士几乎没有人能生还故乡。

"戍客望边邑，思归多苦颜。高楼当此夜，叹息未应闲。"战士们望着边地的景象，思念家乡，脸上现出愁苦的颜色，他们推想自家高楼上的妻子，在此苍茫月夜，叹息之声是不会停止的。

古来边塞上的漫无休止的民族冲突，战争所造成的巨大牺牲和给无数将士及其家属所带来的痛苦，被诗句描写得淋漓尽致。李白没有把征人思妇之情写得纤弱和过于愁苦，而是用"明月出天山，苍茫云海间。长风几万里，吹度玉门关"的万里边塞图景，来抒发感情。

除去要表达的离愁、反战的主题外，诗的前几句所描写的意境之高远，也为后人所称道。

唐代玉门关有士兵驻守，自然也就有了远在内地的妻子对戍边丈夫的思念。李白在另一首《子夜吴歌》中的《秋歌》就表达了这一思想：

> 长安一片月，万户捣衣声。
> 秋风吹不尽，总是玉关情。
> 何日平胡虏，良人罢远征？

■ 玉门关遗址

■ 玉门关小方盘城

这明朗的月夜，长安城就沉浸在一片此起彼落的砧杵声中，月朗风清，风送砧声，声声都是怀念玉门关征人的深情。只是不知远方的战乱之苦何时才能平息，让良人不再远征，回到家中呢？

岑参生于715年，是唐代著名的边塞诗人，写有70多首边塞诗。岑参的诗歌富有浪漫主义的特色，气势雄伟，想象丰富，色彩瑰丽，热情奔放，尤其擅长七言歌行。

岑参在《玉门关盖将军歌》里，就曾对玉门关进行过描写：

行年三十执金吾，身长七尺颇有须。

玉门关城迥且孤，黄沙万里白草枯。

南邻犬戎北接胡，将军到来备不虞。

五千甲兵胆力粗，军中无事但欢娱。

七言歌行 出自古乐府，首创于魏文帝曹丕的《燕歌行》，兴盛于唐代。七言歌行是一种特殊体例，在诗题中常见有"歌""行"的字样，是一类可以配乐歌唱的诗歌体裁。一般句数不定，而每句字数也不是固定的，可以杂以三言、五言句，但是以七言为主。

岑参的这首诗主要是写将士的边塞生活，形象地勾画出玉门关坐落在黄沙万里、荒草丛生中的孤独。

戴叔伦生于732年，字幼公，是唐代中期著名的诗人。戴叔伦出生在一个隐士家庭，他的祖父戴修誉和父亲戴育用，都是终生隐居不仕的士人。

戴叔伦年少时拜著名的学者萧颖士为师，他博闻强记，聪慧过人，"诸子百家过目不忘"，是萧门弟子中出类拔萃的学生。

戴叔伦当时身处的唐代，持续八年之久的"安史之乱"削弱了唐王朝的军事和经济力量，吐蕃、回纥统治者乘机扩大自己的势力，多次派兵骚扰，致使战乱不息，生灵涂炭。

在这种背景下，戴叔伦便写了《塞上曲》，它对于驰骋疆场的将士们是歌颂，也是勉励：

汉家旌帜满阴山，
不遣胡儿匹马还。
愿得此身长报国，
何须生入玉门关！

戴叔伦的这首《塞上曲》是一首充满爱国激情的诗篇。

诗的第一句用夸张的修辞手法，写出汉军在阴山的浩大声势，漫山遍野，旗帜翻飞，万千将士严阵以待。第二句写

■ 岑参塑像

■ 班超雕像

将士们彻底消灭敌人的决心和气魄，反映了他们对敌人的无比仇恨和全歼敌人的愿望。

诗的后两句与后汉书的一句诗文有关，在班固的《后汉书·班超传》中，曾有"不敢望到酒泉郡，但愿生入玉门关"之句，来体现玉门关外环境的艰苦。

在戴叔伦的这首《塞上曲》中，后两句就是反用班超"但愿生入玉门关"之意，写出了将士们强烈的报国志愿。

为了祖国的统一，我们不惜此身，愿杀敌立功，报效祖国，甚至不必活着返回玉门关。

唐代诗人胡曾生于840年，以关心民生疾苦、针砭暴政权臣而著称。《唐才子传》则称赞他"天分高爽，意度不凡"。

后来，胡曾中了进士，每次游览名胜古迹时，都会慷慨怀古，共作了三卷咏史诗。《咏史诗》共150首，皆七绝。每首以地名为题，评咏当地历史人物和历史事件。

以写咏史著称的胡曾，也去写了赫赫有名的玉门关。他在《咏史诗·玉门关》中写道：

西戎不敢过天山，定远功成白马闲。
半夜帐中停烛坐，唯思生入玉门关。

《唐才子传》
对我国唐代五代诗人的简要评传汇集，是我国20多位唐代文史学者多年协作研究的结晶，集中代表了世纪唐代诗人群体研究的最高成就。《唐才子传》全书所收近400位唐代重要诗人的生平和创作，并对他们的生平事迹、诗文创作等基本史料逐条考证。

《咏史诗·玉门关》中的定远功成，写的是班超，班超曾经经营西域，有力地维持了汉代朝廷对西域的控制。

诗的第四句"唯思生入玉门关"也是和班超的那句"但愿生入玉门关"相照应的。

胡曾还有一首关于玉门关的诗《独不见》：

> 玉关一自有氛埃，年少从军竟未回。
> 门外尘凝张乐榭，水边香灭按歌台。
> 窗残夜月人何处，帘卷春风燕复来。
> 万里寂寥音信绝，寸心争忍不成灰。

和《咏史诗·玉门关》咏史怀古不同，《独不见》表达的是思念。

这两首诗的主题，也正是千百年来关于玉门关的诗作所具有的主题，即怀古思绪。

■ 玉门关建筑遗址

■ 陆游（1125—1210），字务观，号放翁。生于南宋时越州山阴，即浙江省绍兴。南宋诗人、词人。他的诗词风格雄奇奔放，沉郁悲壮，洋溢着强烈的爱国主义激情，在思想上、艺术上取得了卓越成就，被后人誉为南宋诗词之冠。他的诗《书愤》《示儿》和词《卜算子·咏梅》等，成为世人传颂的佳作。

南宋爱国诗人陆游一生诗篇非常多，他自言"六十年间万首诗"，后来尚存9300余首，是我国存诗最多的古代诗人。

在陆游众多名篇佳作中，关于玉门关的有好几首。陆游在一首《塞上曲》中写道：

三尺铁如意，一枝玉马鞭，
笑把出门去，万里行无前。
当道何崔嵬，云是玉门关。
方当置屯守，征人何时还？

如意 古代的工艺美术品，以清代为多，明代也有但非常少见。清代康熙年间，如意成为皇宫里皇上、后妃之玩物，宝座旁、寝殿中均摆有如意，以示吉祥、顺心。如意的品类有珐琅如意、木嵌镶如意、天然木如意、金如意、玉如意、沉香如意等。

为求收复山河的陆游，一生都对军事要塞的玉门关情有独钟，他的《夜坐水次》再次提到玉门关：

房星纵，心星横，北斗高挂南斗倾。
蓼根熠熠萤火明，苇丛哀哀姑恶声。
我倚胡床破三更，溪风吹衣月未生。
玉门关，拂云城，何时连营插汉旌？
白头书生未可轻，不死令君看太平。

陆游的一生都在为收复山河而努力，然而时局的频繁变迁，使陆游时而为收复山河而战，时而被贬。曲折的人生经历，在他的诗词中有所反映。

南宋时期诗人张镃出生于1153年，原字时可，因为仰慕郭功甫，后来改字为功甫，号约斋。张镃的诗词，受到当时诗坛名家的推崇。

作为西秦遗民，他并没有忘记迢遥千里，远在西部的故国山河，他热切地渴望自己能像张良那样"一编书是帝王师"，以奇策报效国家，跟随百万雄师，北伐劲敌，收复秦陇，直捣玉门关，完成国家统一与民族复兴的大业。

南宋时期诗人、词人、诗论家刘克庄，在其诗词中也曾多次提到玉门关。其中，他填的《水调歌头》就有三首提到玉门关：

其一

遣作岭头使，似戍玉门关。来时送者，举酒珍重祝身安。街畔小儿拍笑，马上是翁曩铄，头与璧俱还。何处得仙

玉门关小方盘城

■ 玉门关小方盘城

雄关漫道

北方的著名古代关隘

辛弃疾（1140—1207），南宋爱国词人。原字坦夫，改字幼安，别号稼轩，山东济南人。出生时，中原已为金兵所占，他一生力主抗金。辛弃疾艺术风格多样，以豪放为主。他的词多抒写力图恢复国家统一的爱国热情，倾诉壮志难酬的悲愤，对当时执政者的屈辱求和颇多谴责。也有不少吟咏祖国河山的作品。题材广阔又善化用前人典故入词，风格沉雄豪迈又不乏细腻柔媚之处。

诀，发白颊犹丹。

屋茅破，篱菊瘦，架签残。老夫自计甚审，忙定不如闲。客难扬雄拓落，友笑王良来往，面汗背芒寒。再拜谢不敏，早晚乞还山。

其二

风露洗玉宇，星斗灿银潢。云间笙鹤来下，人世变凄凉。九转金丹成后，一朵红云深处，玉立侍虚皇。却笑跨夸子，草草梦黄粱。

君记否，齐桓口，鲁灵光。中原公案未了，直下欠人当。试问玉门关外，何似金銮殿上，此段及平章。富贵傥来耳，万代姓名香。

其三

问讯中秋月，瞥见一眉弯。婆娑桂影，今年又向桂林看。蓬天桑弧初度，罗带玉簪旧识，俯仰十年间。记得老坡语，颓景薄西山。

碧虚人，应笑我，已苍颜。岁寒耿耿，不改唯有寸心丹。目断风涛万里，梦绕烟霞一壑，老矣甚时闲。不愿酒泉郡，愿入玉门关。

刘克庄一向推崇辛弃疾、陆游，对辛弃疾评价尤高。他的作品也具有辛弃疾豪放派的风格，词风豪迈慷慨，他也因此成为辛派词人的重要代表。

玉门关是个苦寒之地，所以拿守玉门关和岭头作比。第二首词的"试问玉门关外，何似金銮殿上，此段及平章"，体现出玉门关关外环境的恶劣。第三首词中，刘克庄发出了"不愿酒泉郡，愿入玉门关"之叹。可见，三首词中，玉门关在刘克庄眼里，都是荒凉的象征。

金銮殿 北京故宫三大殿中的太和殿，俗称金銮殿。是明清时皇帝登基和举行大典的地方。是世上最高的重檐庑殿顶建筑。除殿顶一条正脊外，两层重檐各有四条垂脊。正脊和垂脊不仅使用黄彩琉璃瓦制作的仙人和形象各异的走兽装饰物，而且殿顶的垂脊兽是唯一十样俱全的。八条垂脊共饰有八十八个仙人。

■ 玉门关遗址

■ 小方盘城遗址

宋代词人李演在其作品中就是把玉门关作为了一种符号，他在他的《虞美人·多景楼落成》中写道：

笛叫东风起。

弄尊前、杨花小扇，燕毛初紫。

万点淮峰孤角外，惊下斜阳似绮。

又婉娩、一番春意。

歌舞相缪愁自猛，卷长波、一洗空人世。

闲热我，醉时耳。

绿芜冷叶瓜州市。

最怜予、洞箫声尽，阑干独倚。

落落东南墙一角，谁护山河万里！

问人在、玉关归未？

老矣青山灯火客，抚佳期、漫洒新亭泪。

歌哽咽，事如水！

词人 古代时期创作词的文学家。词是古代诗歌的一种，始于梁代，形成于唐代而极盛于宋代，故名"宋词"。宋词是古代文学皇冠上光辉夺目的巨钻，历来与唐诗并称"双绝"。宋代最著名的词人有苏东坡、柳永、李清照等人。

词中的"笛叫东风起",起句高华浏亮,提挈全篇。笛声高奏唤起东风,吹满整个江天,人的思想也随之被带到很远很远的地方。

当时的镇江已经成为当时抗御蒙古的前沿阵地,但东南的一角边墙,却已防务废弛,这又怎能护得山河万里呢!北方广大的领土,仍在蒙古人手中,恐怕连东南的半壁河山也难以保全了。"落落"两句,显足了词人之感慨深沉。

词人接着再问一句:"问人在、玉关归未?"远在祖国西北的边疆的玉门关,是汉唐时期的边塞重镇,"玉关"人未归,感叹关塞戍卒,头白守边。每念及此,便不由得涕泗纵横了。词中的"佳期",指恢复中原之期,也是"玉关"人归之时。

散曲 是一种同音乐相结合的长短句歌词。元代称为"乐府"或"今乐府"。经过长期酝酿,至宋金时期又吸收了一些民间流行的曲词,尤其是少数民族的乐曲的侵入并与中原正乐融合,导致传统的词和词曲不能再适应新的音乐形式,于是逐步形成的诗歌形式。

■ 玉门关入关蜡像

元代散曲作家李致远在其作品中提到过玉门关，他在一首《双调·折桂令·读史》中写道：

慨西风壮志阑珊，莫泣途穷，便可身闲。贾谊南迁，冯唐老去，关羽西还。

但愿生还玉关，不将剑斩楼兰。

转首苍颜，好觅菟裘，休问天山。

词中的贾谊南迁，指的是西汉初年政治家贾谊被贬为汉长沙王太傅，抑郁而死之事。冯唐老去是指，西汉安陵人冯唐曾在文帝前为名将，怀才不遇，很老时才被任为中郎署长。关羽西是指关羽败走麦城，命归西天。

在这首曲里，玉门关依然是一种代表金戈铁马的文化符号。青丝成白发，楼兰剑化为狐裘衣，以读史时的慷慨激愤之情起，而以消沉隐逸之情结止，感情幽咽曲折。

雄关漫道
北方的著名古代关隘

阅读链接

侯怀风是清代初期著名的女诗人。玉门关是著名的军事要塞，在这里曾经发生过许多悲壮的战争故事。

玉门关也成就了侯怀风笔下的对象。她在一首名为《感昔》的诗中写道："黄河水流响潺潺，当日腥风战血殷。大地尽抛金锁甲，长星乱落玉门关。居延蔓草萦枯骨，太液芙蓉失旧颜。成败百年流电疾，苍梧遗恨不堪攀。"

甘肃阳关

　　阳关位于我国河西走廊的甘肃省敦煌西南70千米南湖乡的古董滩上，因为建在了玉门关的南面，因此被称为"阳关"。

　　阳关，始建于汉武帝元鼎年间，在河西"列四郡、据两关"，阳关即是两关之一。

　　阳关是古代陆路交通的咽喉之地，也是陆上丝绸之路南路必经的关隘，通西域，连欧亚。名扬中外，情系古今。阳关还是中原与西域的分界点。在我国古代时期，"西出阳关"就意味着生离死别。

丝绸之路的南道关隘

汉武帝刘彻是我国古代西汉时期的第七位皇帝，在公元前141年登基。公元前121年，汉武帝派骠骑将军霍去病及合骑侯公孙傲出陇西，发动了河西战役。这次战役匈奴大败。匈奴昆邪王率40000人来降。

汉武帝以河西地置武威、酒泉郡。并从那时开始了河西长城的建筑。根据我国第一部纪传体通史《史记》记载，在公元前111年的时候

■ 丝绸之路上的阳关遗址

■ 霍去病雕塑

汉武帝"列四郡，据两关"。其中的四郡，指武威、张掖、酒泉、敦煌。两关，指的就是玉门关和阳关。

阳关位于河西走廊的敦煌西南70千米南湖乡"古董滩"上，因坐落在玉门关之南而取名"阳关"。由于阳关的地理位置独特，历来都是兵家必争之地。从汉代开始，阳关就曾设都尉管理军务。汉代至唐代，阳关一直是丝绸之路南道上的必经关隘。

以后的许多王朝都把这里作为军事重地派兵把守，数不清的将士曾在这里戍守征战，数不清的商贾、僧侣、使臣曾在这里验证出关，数不清的文人墨客为阳关留下了不朽的诗篇。

后来的唐代高僧玄奘从印度取经回国，就是走丝绸之路南道，东入阳关返回长安的。

由于历史的久远，阳关关城烽燧能够保存下来的非常少。特别是至宋代以后，因与西方交流的陆路交

霍去病 西汉武帝时期的杰出军事家，是名将卫青的外甥，与卫青被称为"帝国双璧"。霍去病擅长骑射，善于长途奔袭。霍去病用兵灵活，注重方略，不拘古法，勇猛果断，每战皆胜，深得武帝信任，并留下了"匈奴未灭，何以家为"的千古名句。

通衰落，阳关的古关逐渐被废弃。

关城废弃后，关于阳关的具体关址也引起了争议。有一位学者在考察阳关时曾写道：

今南湖西北隅有地名古董滩，流沙壅塞，而版筑遗迹以及陶片遍地皆是，且时得古器物如玉器、陶片、古钱之属。

其时代自汉以迄唐宋皆具，古董滩遗迹逶迤而北以迄于南湖北面龙首山俗名红山口下，南北可三四里，东西流沙湮没，广阔不甚可考。

后来，人们在古董道西十四道沙渠后发现大量墙基遗址。经试掘、测量，房屋排列整齐清晰，面积上万平方米，附近有宽厚的城堡垣基。因此，基本可以断定阳关故址位于此处。

后来的阳关因为丧失了其位置上的战略意义，再加上自然条件的恶化，成了一片荒漠之地。

但是自古以来，在人们心中，阳关是一座被流沙掩埋的古城，一座被历代文人墨客吟唱的古城。它总是代表着凄凉、悲惋、寂寞和荒凉，有着独特的地位。

阅读链接

阳关玉杯，又名敦煌夜光杯，以祁连山所产优质墨玉、黄玉和碧玉为原料，经过24道工序精雕细刻而成。

阳关一带出产的这种玉杯色泽有翠绿、鹅黄、羊脂白等，光泽长久不变，造型丰富多彩，声誉最隆。带有天然纹理，石色墨绿，薄如蛋壳、手感细腻，有"一触欲滴"的美妙效果。

阳关玉杯是夜光杯，在黑暗的环境下它会发出淡淡的光，是很名贵的饮酒器皿。

古董滩与渥洼池传奇

阳关在我国历史上，曾经是一个重要的关隘，它是中原与西域的分界线，也是丝绸之路的门户。然而，随着时光的流逝，悠悠千年雄关所剩下的仅有一座汉代烽燧遗址。但是破败的阳关关城仍然值得探索。

阳关在西汉就建立了关城，后来随着时代的变迁，这里的地理位置不再重要，昔日的阳关城早已荡然无存，这里仅有一通阳关石碑，碑上刻着"阳关故址"四个红色大字。

除了这通阳关石碑外，阳关附近还有汉代烽燧遗址。其中尤以北侧墩墩山顶上的烽燧最大，

阳关故址古道

烽燧 也称"烽火台""烽台""烟墩"或"烟火台"。烽燧是我国古代的报警系统，它往外与长城并存，从而组成一个完整的军事防御体系。如有敌情，烽燧白天燃烟，夜晚放火，是古代传递军事信息最快最有效的方法。

这个烽燧处在阳关的制高点，它是阳关历史唯一的实物见证。墩墩山顶上的烽燧是用土墼夹芦苇砌筑而成，上面有残余围墙，一条马道直通顶部。

烽燧周围有一块说明牌，上面写着：

墩墩山烽燧系汉代建筑，现残高4.7米，上宽南北8米，东西6.8米，底宽南北8.8米，东西7.5米，为古阳关候望之处，故有"阳关耳目"之称。

烽燧遗址所在的这座墩墩山山顶，可以将阿尔金山的皑皑白雪、浩瀚戈壁、苍茫大漠的宏阔景色尽收眼底。

在阳关石碑的后面有一片荒漠，是阳关故址所在

■ 阳关烽燧

■ 阳关烽燧

的古董滩。它东靠农田，南有元台子山，西依青山子梁，北到墩墩山，沙丘从南到北自然列成20余道天然屏障。

多少年来，每当大风刮过以后，附近十里八村的村民在古董滩上，常常会拾到古钱、首饰、玉佩、宝剑、兵器和其他小杂物，甚至有的还能拾到金戒指、金手镯。

关于古董滩为何会有如此多的古董，历史上还有一个动人的传说。

相传，古董滩原来埋着一位公主丰盛的嫁妆。不过具体到底是哪一位公主，说法不一。有的说是远嫁乌孙王的细君公主，有的说是唐代去西藏的文成公主，有的又说是下嫁于阗王的曹氏公主。

有一位小国的国王，他曾经向这位公主求亲，但是因为他的国家国力衰弱，物产又不丰富，因而被公主拒绝了。

这位小国国王遭到拒绝后，怀恨在心，他派出人

玉佩 古代时期贵族的装饰品之一。玉在我国的文明史上有着特殊的地位，古人的很多生活器具都是玉雕成的，而众多的玉器之中，能常戴在身上的唯有玉佩。玉佩在我国古代是身份、地位的象征，也是个人修养的体现。

■ 阳关景观

胭脂 亦作"臙脂"，亦泛指鲜艳的红色。胭脂是面脂和口脂的统称，是和妆粉配套的主要化妆品。古时胭脂又称作燕脂、焉支或燕支，关于胭脂的起源，有两种不同的说法：一说胭脂起于自商纣时期为燕国所产得名。另一说为原产于我国西北匈奴地区的焉支山，匈奴贵族妇女常以其妆饰脸面。

四处打探，终于打听到公主的嫁妆将要从离他们国家不远的古董滩经过，便一咬牙派出300个亲信兵将，用黑墨抹脸，白巾包头，躲藏在古董滩周围。

公主远嫁动身的那一天，中原王朝的皇后给她陪送了许多的嫁妆。金银首饰、绫罗绸缎、胭脂香料、四季衣衫等，足足装了几十辆大车，由武官和士兵押送，向西进发。

当装有公主嫁妆的车辆和护送的士兵走到古董滩的时候，猛听一声牛角号响，小国国王派出的这伙强盗就从四面一起杀出，瞬间和护送的士兵打成一片。

当时，为公主护送嫁妆的士兵只有100名，而且多数由于长途劳累和不服水土患病在身。而强盗们身强力壮，熟悉地形，并且人又多，不一会儿，护送的士兵都被强盗杀尽了。强盗们抢到了大批的嫁妆和金银财物，欣喜若狂。

正当这些强盗准备离开的时候，猛然间刮起了大风，一时天昏地暗、日月无光，一个个沙包飞上了天空，又慢慢地降落下来，把300个强盗和他们抢来的几十辆车的财物统统埋在了滩上。

多少年过去了，风吹沙移，人们总能在这片沙滩上捡到大量古钱、首饰。于是，这片沙滩便取名为"古董滩"。

阳关虽然处在较为干旱的甘肃，却曾经是水源非常充足的一个关隘，因为它有两个独立水源。后来，这两个水源变成了阳关的两个风景名胜。

阳关的第一个水源就是西土沟。西土沟是当地人叫的一个俗名，它在唐代的名字叫"无卤涧"。

据记载，西土沟水源东北约1.7千米处，是阳关古址。据说，阳关在这儿设关，就是因为临近西土沟。

有了西土沟和附近的一片绿洲，建关后的阳关凭

首饰　其历史几乎与人类一样长久，山顶洞人就有用穿孔的兽牙、兽骨和贝壳制成项链。首饰功能有二：一辟邪；二审美。原始人类在劳动实践过程中，逐步对自然界中一些与他们生活密切相关的材料如植物的果实、种子、动物的羽毛、牙齿、骨骼以及石料产生一种朦胧的神秘看法，他们甚至将之作为自己巫术活动中的崇拜对象，赋之予神秘的力量。

■ 阳关周边的绿洲

龙颜 指皇上的容貌。我国古人认为，长有龙颜特征的人天生就能做皇帝，统一天下。长着龙颜的人，额头非常高，会比脸上的其他地方突出一大块，而且眼睛非常有神，长有很多胡须。

借着水源，发挥了"一夫当关，万人莫开"的神威。而对于在沙漠上长途跋涉的人来说，看到阳关就等于看到了生机。

军事作用降低后，西土沟周围的绿洲，也成了阳关的一个重要景点。

阳关往西就是茫茫的大沙漠，因此，古代往来的商旅都要在阳关补充水源。除了西土沟，阳关还有一个独立水源，那就是渥洼池。

根据文献记载，当年的渥洼池水面非常大，水很深而且水质非常好。更为有意思的是，在渥洼池还曾经出过使汉武帝龙颜大悦的天马。

这个故事是说，当年霍去病收复河西后，西汉牢牢地控制了河西。此时，汉王朝除了修筑边防要塞，还大量移民屯垦，所以一时间，敦煌人口猛增。

除了移民，也有获罪的各级官吏，被发配到敦煌

■ 阳关古董滩

郡。这其中河南新野的一个叫暴利长的小官，就因犯罪被充军到敦煌，在渥洼池一带放牧。

放牧时，暴利长经常见到一群野马到池边饮水，其中还有一匹马长得特别壮硕，神态奇异。

暴利长便在暗中窥视，对这匹马觊觎良久，终于他想到一个智取的计策。他做了一个和自己形体差不多的土人，将自己的衣服穿在土人身上，并让土人手拿勒马索像真人一样立于池边。

最初，群马一见土人，大吃一惊，不知其为何物，都不敢近前，跳开跑到远处去张望。后来，群马见土人并无攻击之举，也就慢慢习以为常，又继续毫无顾忌地去池边饮水嬉戏。

不久，暴利长见时机已经成熟，就将土人撤掉，自己立到了池边。群马再来池边饮水嬉戏时，已经不怕站立在一旁的暴利长了。暴利长忍不住满心窃喜，甩出套马索，终于一举成功，得到了那匹他心仪已久的骏马。

暴利长把马献给了汉武帝，却对套马的诡诈和辛苦只字不提，称马是从水中跃出的，落入他手纯粹是上天的旨意。暴利长的话使汉武帝非常高兴，感觉到这是自己当皇帝的一个祥瑞之兆。

天马　古代神话传说中的神兽之一，是战神，表现了汉民族的尚武精神。相传天马中最重要的马神为锋星，也是汉武帝刘彻的化身。天马拥有不畏强敌、不怕牺牲、拼搏进取的无量勇气，是汉民族最重要的图腾之一。

同时，汉武帝看到暴利长献的这匹马，也确实是一匹好马，就给马命名为"太乙天马"。不仅如此，汉武帝还即作《天马歌》，歌中有"湖中天马冲波出，蹴踏惊涛行飘忽"之句。从此以后，渥洼池便得了一个出天马的声名，流传开来。

后来，渥洼池被建成了蓄水200多万立方米的黄水坝水库，灌溉着古阳关下的万亩良田。

出过天马的渥洼池水深波阔，周边芦苇丛生，游鸟浮鱼，相映成趣。靠附近泉水灌溉栽种出的葡萄又自成一景，有几座晾房，出产的葡萄干比蜜还甜。

阳关遗址历史悠久，文化深厚，人们对它的评价是：东依敦煌，西接楼兰，北望玉门，南眺金鞍，天马故乡，丝绸之路名关。

阅读链接

由于阳关处在丝绸之路上，因此有非常丰富的饮食文化。泡儿油糕就是阳关一带古老的一种风味小吃。泡儿油糕是由面粉配食糖、猪油、桃仁、芝麻、玫瑰等制成的松糕，酥松香甜，味美可口，它色泽黄亮，表面膨松如轻纱，结有密密麻麻的珍珠小泡，因此得名。

据考证，泡儿油糕是从唐代"见风俏"演变而来，最初流行在宫廷、官邸的宴席上，由于制作厨师寥寥无几，街市上很难见到。

后来，在阳关所在的敦煌一带，人们学会了制作泡儿油糕。泡儿油糕的表层脆酥似飞絮，内里香甜如糯糖的特色，吃起来酥松香甜，是阳关地区首选的风味食品。

开创辉煌的关口要道

　　促使阳关走向辉煌的因素很多，丝绸之路就是其中之一。在海运未通的我国古代时期，丝绸之路是中外贸易的主要方式，而阳关正是丝绸之路南路的重要关口。因此，丝绸之路与阳关的兴衰就此结下了不解之缘。

阳关博物馆

通关文牒 指我国古代时期，想出本国国境的人通过关戍时拿的通行证。通关文牒每到一国都需加盖该国的印玺，才算完整。我国古代四大名著之一的《西游记》里，就对通关文牒的重要性进行了反复的强调。

■ 丝绸之路上的阳关遗址

阳关相当于我国古代的"海关"，有了通关文牒，才能出入阳关。阳关在我国历史文化中占据着重要的地位。

汉武帝执政时，为联络被匈奴从河西赶到西域的大月氏人共同夹击匈奴，汉武帝招募人才去西域。当时，渴望为国建功立业的张骞，毅然应募。

公元前138年，张骞带着百余名随从从长安西行，通过阳关一带，来到西域。

在出行途中，张骞等人被匈奴人捉住，扣留了11年。但他不忘使命，设法逃脱，辗转到达大月氏。

那时大月氏西迁已久，无意再与匈奴打仗。于是，张骞返回长安，向汉武帝报告了西域的见闻，以及他们想和朝廷往来的愿望。

公元前119年，汉武帝派张骞第二次去西域。张骞一行带着上万头牛羊和大量丝绸，到西域各个地

方。归来时，西域各地也派人来到长安。从此以后，
朝廷通往西域之路被打开。

■ 张骞塑像

正是因为有了张骞从阳关、玉门关的出行，才有
了后来的丝绸之路。张骞去西域后，朝廷对西域的各
种情况已经有了大致的了解。

为了促进西域与长安的交流，汉武帝招募了大量
身份低微的商人，携带朝廷配给的货物，到西域各地
经商。

这些具有冒险精神的商人，勇敢地跨出阳关、玉
门关，进入神秘的西域，他们中大部分成为富商巨
贾。首批商人的成功，吸引了更多人西出阳关、玉门
关，从事丝绸之路上的贸易活动。

从此以后，我国和中亚及欧洲的商业往来迅速增
加。通过这条贯穿亚欧的大道，我国的丝、绸、绫、
缎、绢等丝织品，源源不断地输向中亚和欧洲。

大月氏 也叫"禺
知""禺氏"或
"牛氏"。是公
元前2世纪以前
居住在我国西北
部，然后迁徙到
中亚地区的游牧
部族。大月氏位
于丝绸之路中
段，是我国文明
和西方文明的碰
撞点，它的文化
艺术成果兼具了
东西方特色。

■ 丝绸之路遗址

因此，希腊、罗马人称当时的我国为"赛里斯"国，称当时的国人为"赛里斯"人。所谓"赛里斯"也就是"丝绸"的意思。

在以后的发展中，丝绸之路的线路被分为几段，一般认为，丝绸之路可分为三段。除了三段的划分外，丝绸之路还有三条线路，而阳关是南路门户。

丝绸之路的东段，是从当时的都城长安到阳关、玉门关。由此可以看出，丝绸之路的东段全在汉朝的疆域之内，线路的选择，主要考虑的是翻越六盘山以及渡黄河的安全性与便捷性。

因此，丝绸之路东段的三线均从长安出发，到武威、甘州汇合，再沿河西走廊至敦煌。

丝绸之路的中段是从阳关、玉门关向西至葱岭。中段主要是西域境内的诸线路，它们随绿洲、沙漠的变化时有变迁。由此，丝绸之路的中段被分为南、中、北三条线路。

南道，又称于阗道，东起阳关，沿塔克拉玛干沙漠南缘，经若羌、和田、莎车等至葱岭。中道则起自玉门关，而北道起自安西。

甘州 也就是今天的甘肃省张掖。张掖处于千里河西走廊腹地，古代丝绸之路南北两线和居延古道的交汇点上，南枕祁连山，北依合黎、龙首两山，形成了闻名遐迩的张掖绿洲，素有"塞上江南"之美誉。因地理位置重要，历来为兵家必争之地。

自葱岭以西，直至欧洲是丝绸之路的西段。和东段、中段在汉朝开辟不同，西段是在唐代开辟的。它与中段的北、中、南三线分别相接对应，连成一个完整的丝绸之路。

从丝绸之路的线路可以看出，阳关与北面的玉门关是丝绸之路东段与中段的分界点，也是中原汉、唐等王朝与西域诸国的"海关"，其重要性不言而喻。

在历史上，除去与国外通商的意义之外，阳关的另一个重要意义，就是军事要塞。

丝绸之路的开通，极大地推动了中原与西域之间的物质文化交流，同时也使汉朝在收取关税方面取得了巨大利润。为了加强对西域的控制，公元前60年，汉王朝在西域设置西域都护府，总管西域一切事务。

以汉朝在西域设立官员为标志，丝绸之路这条东西方交流之路开始进入繁荣的时代。

公元97年，东汉将军班超开始经营西域，他重新建立起了汉朝在中亚地区的主导地位后，派甘英携带大量丝织品到达条支，我国与埃及最早的沟通就是在这一时期。

较晚的《后汉书》还有166年罗马使节通过丝

都护府 是我国汉、唐等时代中原王朝为督察边境各民族而设置的军事机关，都护府长官称为都护。汉代时，在西域设有西域都护府，至魏和西晋时改设为西域长史府，唐代曾设六都护府。

■ 张骞骑马塑像

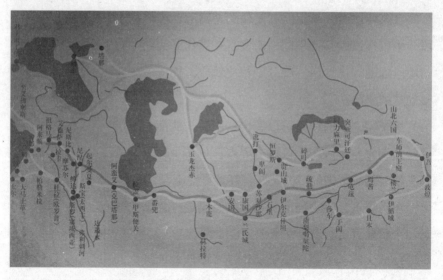

■ 丝绸之路西传路
线图

雄关漫道

北方的著名古代关隘

赋税 古代朝廷宏
观管理经济的重
要手段，是随土
地制度或状况的
变化而变化的。
古代的赋税制度
含义很广泛，一
般包括以人丁为
依据的丁税，以
户为依据的财产
税，以田亩为依
据的土地税和以
成年男子为依据
的徭役和兵役。

绸之路来到我国，并在我国建立了大使馆的记录。

当时，通过丝绸之路，印度、东南亚、斯里兰卡、中东、非洲、欧洲和我国之间的贸易迅速发展，无数新奇的商品、技术与思想源源不断地在欧亚非三大洲的各个国家流动。

远在西方的罗马人很快就加入到这条商道中，因为我国的丝绸轻盈、精细。光耀夺目、艳丽华贵的丝绸是罗马贵族男女显示高贵身份的象征。

那时，丝绸成为罗马人狂热追求的商品。古罗马的市场上，丝绸的价格曾上扬至每磅约12两黄金的天价。这造成罗马帝国黄金大量外流，还迫使元老院断然制订法令，禁止人们穿着丝衣。

丝绸在西方各地广受欢迎，自然也就刺激了丝绸之路的繁荣。当时，阳关外的阳关古道上，每日来自印度、波斯等国的客商不断，使阳关这个军事要塞呈现一片繁荣景象。

然而，当我国进入东汉以后，当时的朝廷逐渐放弃了对西域的控制，令西域内部纷争不断，商路难以通行。当时的东汉朝廷为防止西域的动乱波及本国，经常关闭阳关、玉门关，这些因素最终导致丝绸之路东段天山北南路的交通，陷入半停滞状态。

唐代及以后的宋元王朝统治时期，丝绸之路又兴盛起来，但由于关卡林立，赋税太重，丝绸之路的兴盛程度受到了影响。

进入明清时期以后，随着海上贸易的兴起以及我国对外贸易的保守，加上西域地区的荒凉，曾经辉煌一时的丝绸之路逐渐荒废了。

与此同时，辉煌的阳关与丝绸之路一起荒废，只留下一片荒滩，成为流沙之中见证丝绸之路辉煌的遗迹。

在汉唐时期，阳关、玉门关都是中原王朝与西域各地的关口。为了防止西北匈奴、突厥等势力威胁中原王朝的安全，从西汉时期，当地官吏就开始在阳关发放通关文牒，以作为出入阳关的凭证。这种凭证类似于后来的出国护照。

当时，驼队商旅们，包括一些僧侣，凡是要去西域，都得在阳关

■ 阳关丝绸之路遗址

雄关漫道

北方的著名古代关隘

■ 重建的阳关城楼

《西游记》 我国古典四大名著之一，作者吴承恩，成书于16世纪明朝中叶。主要描写了唐僧、孙悟空、猪八戒、沙悟净师徒四人去西天取经，历经九九八十一难的故事。《西游记》不仅内容极其丰富，故事情节完整严谨，而且人物塑造鲜活、丰满，想象多姿多彩，语言也朴实通达。

申拿关牒后才能西行。而西域诸国，也很重视由阳关都尉盖印签发的关牒。在古典小说《西游记》中，就曾多次提到通关文牒。

无论是西域人来汉，还是汉朝人西去，出入阳关，都须通过严格验证盖着阳关大印的关照才可放行。一照在手，便可以畅通无阻了，所以后来"关照关照""多多关照"等语言，便流传开来，后人将"关照"引申，变成给照顾，行方便等意思。

阳关还有一个文化符号，那就是阳关道。阳关道的说法当然也是来自阳关。

阳关之外的那条道就是阳关古道，它也是丝绸之路的一段。在丝绸之路繁荣的时期，阳关通往西域的这条古道上，曾经商队络绎，驼铃叮咚，可以说是当时最繁忙的一条路。

从尚存的阳关大道宽约120米可以看出，当年的阳关道必是车水马龙，十分壮观。因此，后来的历史学者和文学家称这条古道为"阳关大道"。

因为阳关的繁华，后来民间还流传着："你走你的阳关道，我过我的独木桥"的谚语。这里用独木桥和阳关道相对称，都属于道路的两个极端，独木桥的狭窄，正好反衬阳关道的宽广。

意思就是你有阳关道可走，前途一片大好，尽管我只有独木桥可走，你也不要干涉我的事，我们井水不犯河水。

同样源于宽广的意思，阳关道这个通向西域的大道，后来又被用来泛指通行便利的大路，也可以比喻有光明前途的道路，成为康庄、光明、幸福之路的代名词。

阳关也许只是昔日的一个军事要塞，只是丝绸之路上的一个关隘，只是一堆砖石堆砌起来的一个建筑。然而，正是这堆砖石，却被赋予了许多哲思和诗情，从此具有了文化意义，并成为了我国博大的中华文化的一部分。

阅读链接

阳关一带的美食还有敦煌酿皮子。酿皮子晶莹黄亮，光洁如玉，拌上特殊的佐料后味酸辣，柔韧爽口，食用方便，是极为普遍的一种民间小吃、当地快餐。

酿皮子是一种麦面制品，制作时先将面粉加水和匀，然后将面团置入清水中翻搅抓揉，使面粉中的淀粉与蛋白质充分分离，剩下蛋白质，俗称面筋。而溶解于水的面浆，便是加工酿皮子的原料了。

在水滚沸后，将面浆舀入铁皮圆盘中涂匀，放入开水中煮几分钟，面汁为饼便成为酿皮子。

然后，将饼状的酿皮切成细长条，放几片面筋，加一点芥末、蒜汁、辣椒、香油等便可食用。这种制作简单的敦煌酿皮子价格不高，味道不错，特别受阳关一带人们的喜爱。

千古英魂永留存

阳关的地理位置十分重要，它是中原与西域的分界线。跨入关内，代表着来到了繁华的华夏之邦，跨出关外，则代表离开故国与满目荒凉。

汉朝名将霍去病像

在我国历史上，有很多人曾经选择了跨入与跨出阳关，在这些人中，有不少因为这一跨入与跨出的选择而一举成名，产生了深远的影响。

在阳关的历史上，第一个名人就是霍去病。霍去病是名将卫青的外甥。123年的时候，霍去病被汉武帝任为骠姚校尉，随卫青击匈奴于漠南，以800人打败了敌军2028人，受封冠军侯，又封骠骑将军。

自此以后，一个杰出的军事天才诞生了，霍去病逐渐成长为西汉武帝时期的名将。

公元前121年的春天，霍去病受命独自率领精兵10000人，准备出征匈奴。接到汉武帝的命令后，19岁的霍去病带着精兵，在阳关附近开始了对匈奴的征伐，这就是我国军事史上赫赫有名的河西大战。

霍去病不负众望，在千里大漠中闪电奔袭，打了一场漂亮的大迂回战。短短六天中他转战了匈奴的五个部落，一路猛进，并在皋兰山与匈奴卢侯王、折兰王打了一场硬碰硬的生死战。

■ 霍去病征战塑像

在此战中，霍去病惨胜，带去的10000名精兵仅剩3000人。而匈奴损失更是惨重，卢侯王和折兰王都战死，浑邪王子及相国、都尉被俘虏，被斩兵丁8000人，就连匈奴休屠的祭天金人也成了汉军的战利品。

在这一场血与火的对战之后，汉王朝中再也没有人质疑霍去病的统军能力，他成为汉军中的一代军人楷模与尚武精神的化身。

同年夏天，汉武帝决定乘胜追击，展开收复河西之战。此战，霍去病成为汉军的统帅，而多年的老将李广等人只作为他的策应。

这一战中，配合作战的公孙敖等人在大漠中迷了

校尉 古代时期的官名之一，是我国历史上重要的武官官职。校是我国古代军事编制单位。尉是军官，校尉就是部队长官的意思。战国末期就有了这个官职，秦朝时为中级军官，汉朝时达到鼎盛时期，其地位仅次于各将军。

■ 阳关遗址

路，没有起到应有的助攻作用，而老将李广所部则被匈奴左贤王包围。

在这种情况下，霍去病遂再次西出阳关，孤军深入并大胜。在祁连山，霍去病所部斩敌30000余人，俘虏匈奴王爷5人以及匈奴大小阏氏、匈奴王子59人，相国、将军、当户、都尉共计63人。

经此一役，匈奴不得不退到燕支山北，汉王朝收复了河西平原。

曾经在汉王朝头上为所欲为、使汉朝人家破人亡无数的匈奴终于也唱出了哀歌："亡我祁连山，使我六畜不蕃息；失我燕支山，使我妇女无颜色。"

从此，汉军军威大振，而19岁的霍去病更成了令匈奴人闻风丧胆的战神。

最能展示霍去病卓越的军事天赋的战役是"河西受降"之战。当时，两场河西大战后，匈奴单于想狠狠地处理一再败阵的浑邪王，消息走漏后，浑邪王和休屠王便想要投降汉朝。

此时，汉武帝不知匈奴二王投降的真假，遂派霍去病前往黄河边受降。当霍去病率部渡过黄河的时候，匈奴降部中果然发生了哗变。

面对这样的情形，霍去病竟然只带着数名亲兵就冲进了匈奴营中，直面浑邪王，下令他诛杀哗变士卒。霍去病的气势不但镇住了浑邪王，同时也镇住了40000多名匈奴人，他们最终没有将哗变继续扩大。

河西受降不但为饱受匈奴侵扰之苦百年的汉朝人扬眉吐气，更从此使汉王朝真正控制了武威、张掖、酒泉、敦煌四个郡，河西走廊正式并入汉王朝。

其后不久，汉武帝就在这里建立了阳关。从此，阳关成为抗击外敌的一个重要军事要塞。

法显，俗姓龚，东晋司州平阳郡沙门，也就是后来的山西临汾地区人。法显有三个哥哥，都在童年夭亡，他的父母担心他也会夭折，在他3岁的时候，就送他到佛寺当了小和尚。

当法显10岁的时候，他的父亲去世了。他的叔父考虑到法显的母亲寡居难以生活，便要他还俗。

法显这时对佛教的信仰非常虔诚，他对叔父说：

亲兵 古代时期军队将领的随身护卫，目的是负责保护将领的安全。亲兵平时担负警戒、传讯等任务，战时要随将领冲锋陷阵，是将领最亲近、联系最紧密的兵士。古代的军规中有"主将死，亲卫无故而存者皆斩"的铁律。

061

千年雄关

甘肃阳关

■ 古代攻城武器

■ 法显青铜像

中土 也叫"中原""中华""中夏""华夏"或"诸华"，古指中原地区，也就是华夏民族和华夏文明的发源地。中土的概念是黄河中下游的中心的地域，意为国之中，天地之中。华夏民族的祖先根据天文、地理、和风水学的概念，认为位于中岳嵩山山麓的中原河南登封，位居天下居中的位置。

"我本来不是因为有父亲而出家的，正是要远尘离俗才入了道。"

他的叔父听了之后很感动，没有勉强他。不久，法显的母亲也去世了，他回去办理完丧事之后就立即回到了寺里。

法显性情纯厚。有一次，他与同伴数十人在田中割稻，遇到一些穷人来抢夺他们的粮食。

诸沙弥吓得争相逃奔，只有法显一个人站着未动。他对那些抢粮食的人说："君欲须谷，随意所取。但君等昔不布施，故此生饥贫。今复夺人，恐来世弥甚。贫道预为君忧，故相语耳。"

法显这段话是在说，你们如果需要粮食，就随意拿吧！只是你们现在这样贫穷，正因为过去不布施所致。如果抢夺他人粮食，恐怕来世会更穷。贫道真为你们担忧啊！

说完，法显从容地离开了，而那些抢粮的人竟被说服，弃粮而去。这件事使寺中僧众莫不叹服。

20岁时，法显受了大戒。从此，他对佛教信仰之心更加坚贞，行为更加严谨，时有"志行明敏，仪轨整肃"之称誉。

399年的时候，65岁的法显已在佛教界度过了62个春秋。此时，佛教在我国得到了很大发展。各种佛教流派纷纷传入中土，佛教典籍，被大量翻译。

60多年的阅历，使法显深切地感到，当时我国佛经的翻译赶不上佛教大发展的需要，特别是由于戒律经典的缺乏，使广大佛教徒无法可循，以致上层僧侣穷奢极欲、无恶不作。

为了维护佛教的真理，矫正时弊，年近古稀的法显毅然做出决定，西赴天竺，也就是古代的印度，去寻求戒律。

这年春天，法显同慧景、慧嵬一起，从长安起身，向西进发，开始了漫长而艰苦的旅行。

400年的时候，他们到了张掖，遇到了智严、慧简、僧绍、宝云、僧景五人，组成了十个人的"巡礼团"，后来，又增加了一个慧达，总共11个人。"巡礼团"西进至敦煌，得到了太守李浩的资助，西出阳关，沿阳关下的丝绸之路南道，向天竺进发。

太守　原为战国时代郡守的尊称。西汉景帝时，郡守改称为太守，为一郡最高行政长官。历代沿置不改。隋初以州刺史代郡守之任，太守不再是正式官名，仅用作刺史或知府的别称。宋以后，称知府、知州等官为太守。明清则专称知府。

■ 法显取经线路图

409年，法显求得了《弥沙塞律》《长阿含》《杂阿含》以及《杂藏》四部经典。至此，法显身入异城已经12年了。

他经常思念祖国，又想着一开始的"巡礼团"或留或亡，而自己却孤身一人，形影相吊，心里无限悲伤。有一次，他在无畏山精舍看到商人以一把中国的白绢团扇供佛，触物伤情，不觉潸然泪下。

412年，已经78岁的法显前后共走了30余国，历经十多年，终于回到了祖国。此次出行，法显不仅取回了不少佛教经典，还留下了杰作《佛国记》，得到了学者的高度评价。

在古代，阳关之外即是西域，这里环境恶劣，法显65岁高龄勇敢西出阳关，从而成为我国取经回国的第一人。他是我国佛教史上的一位卓越革新人物，是我国第一位到海外取经求法的大师，也是杰出的旅行家和翻译家。

雄关漫道
北方的著名古代关隘

阅读链接

传说，法显当年来到北天竺时，看到耆阇崛山上有一个寺庙。第二天，法显想去拜谒这个寺庙，但其他僧人劝他说："那段山路很难走，而且还有会吃人的狮子，何必要去呢？"

法显回答说："我走了这么远的路就是为了修习佛法，我诚心诚意地想得到修行，既然有了机会干吗要浪费呢？艰难和危险，我是不会怕的。"僧人们劝不住他，只好由两名和尚陪他进山去了。到了晚上，法显想要留宿在寺中，两个僧人因为恐惧就离开了。

法显在寺庙中独自烧香礼拜。半夜里，有3只狮子出现了，摇着尾巴接近法显，但法显仍旧专心地诵经。有一只狮子低下头，趴在了法显的身前。

法显用手摸着狮子的头说："你们如果想伤害我，请等我先诵经完毕。如果你们只是试探我是否专心诵经，那你们现在就可以走了。"

过了一会，这些狮子居然真的离开了。

古老关塞的诗人情怀

提起阳关，人们马上会想到唐代大诗人王维的诗句："劝君更尽一杯酒，西出阳关无故人。"诗中那悲壮苍凉的情绪，引发人们对这座古老关塞的向往。阳关特殊的地理位置、悠久的历史固然是阳关扬名的重要原因，除此之外，诗词也是它闻名遐迩的一个重要因素。

■阳关城楼

■ 阳关场景再现

南北朝时期的东宫学士，后成为宫体文学代表作家的庾信，写过一首《重别周尚书》。诗中写道：

阳关万里道，不见一人归。

唯有河边雁，秋来南向飞。

鸿雁寄书 汉武帝曾命大臣苏武出使匈奴，但苏武后来受到匈奴内乱事件的牵连被扣押了。由于匈奴头领欣赏他的忠心和气节，苏武没有被处死，而是被匈奴软禁了19年。据说苏武的执着和忠诚感动了大雁，后来有大雁为苏武送信，才使苏武最终得到解救，返回故国。

写这首诗时，庾信从南方的南朝出使北方鲜卑族政权西魏，被扣留在北方。在以后的岁月里，陈朝取代了梁，北周取代了西魏，而被扣留的庾信却一直未能南归，心情十分痛苦。

在这样的处境中，庾信的老朋友、陈朝派来的使者周弘正将要回南方去了，更触发了他的烦恼。周弘正原在梁朝做左户尚书，所以诗中称为"周尚书"。

诗的起句"阳关万里道，不见一人归"一句，诗中呈现的那一条万里古道被描绘得空寂无一归人，从中流露出作者期盼南回的一种心情。

雁在诗中又用来比喻南还的周弘正，同时也借用西汉时期出使匈奴的苏武鸿雁寄书的著名典故，借以表达对故乡的思念以及对个人命运的痛苦感受。

唐代"大历十才子"之一的耿洪源，一生多从事军事和司法方面的事情，在大历年间，也就是766年至779年的时候，他曾到过西域阳关一带，并留下了一首《陇西行》。

诗中写道：

雪下阳关路，人稀陇戍头。
封狐犹未剪，边将岂无羞。
白草三冬色，黄云万里愁。

大历十才子 指活跃于唐代宗大历年间的一个诗歌群体，由十位诗人所代表的一个诗歌流派。他们的共同特点是偏重诗歌形式技巧。十才子分别为李端、卢纶、吉中孚、韩翃、钱起、司空曙、苗发、崔洞、耿洪源、夏侯审。

■ 阳关遗迹

《相思》 唐代诗人王维借咏物而寄相思的诗。诗的起句因物起兴，语虽单纯，却富于想象；接着以设问寄语，意味深长地寄托情思；第三句暗示着珍重友谊，表面似乎嘱人相思，背面却深寓自身相思之重，最后一语双关，既切中题意，又关合情思，婉曲动人。

因思李都尉，毕竟不封侯。

耿洪源还曾在他的《送王将军出塞》中又提到阳关：

汉家边事重，窦宪出临戎。
绝漠秋山在，阳关旧路通。
列营依茂草，吹角向高风。
更就燕然石，行看奏虏功。

大漠秋山依在，阳关旧路通畅。和王维诗中的阳关不同，一生从事军事和司法的耿洪源，其笔下的阳关没有王维那么多的离别伤情，耿洪源诗中所表达的

乐观情绪，展现的是对未来的展望和友人建功立业的祝愿，尾句"奏虏功"三个字就明确地点明了诗人的这一心情。

王维生于701年，字摩诘，祖籍山西祁县，是唐代诗人，有"诗佛"之称。王维是盛唐诗人的代表，留有存诗400余首，重要的诗作有《相思》《山居秋暝》等。

王维精通佛学，受禅宗影响很大。佛教有一部《维摩诘经》，是王维名和字的由来。王维诗书画都很有名，非常多才多艺，音乐也很精通。与孟浩然合称"王孟"。

王维描绘自然风景的高度成就，使他在盛唐诗坛

田园诗 由东晋时期陶渊明开创的一个诗歌流派，主题是咏田园生活，多以农村景物和农民、牧人、渔父等的劳动为题材。唐宋时期诗歌中的田园诗主要变成了文人和从官场退居田园的仕宦者们所作的以田园生活为描写对象的诗歌。田园诗风格恬淡疏朴，独具一格。

■ 阳关场景再现

雄关漫道

北方的著名古代关隘

阳关遗址"东望长安"匾额

咸阳 地处"八百里秦川"的腹地，也是我国著名古都之一。汉高祖初年，刘邦恢复被项羽焚毁的咸阳，取名新城。武帝年间，因咸阳临近渭水，因此更名为渭城。

独树一帜，成为山水田园诗派的代表人物。他继承和发展了谢灵运开创的山水诗的传统，对陶渊明田园诗的清新自然也有所吸取，使山水田园诗的成就达到了一个高峰，因而在我国诗歌史上占有重要的位置。

同时，王维的绘画成就也很高，苏东坡赞他"诗中有画，画中有诗。"他尤以山水诗成就为最。

也许正是有了在诗、画等方面的造诣，王维才写出了《送元二使安西》这样流传千古的诗篇。

这首诗为王维赠别友人而作：

渭城朝雨浥轻尘，客舍青青柳色新。
劝君更尽一杯酒，西出阳关无故人。

这是一首送朋友去西北边疆的诗。安西，是唐代朝廷为统辖西域地区而设的安西都护府的简称，治所在龟兹城，也就是后来的新疆维吾尔自治区的库车。

这位姓元的友人是奉朝廷的使命前往安西的。

唐代从长安往西去的，多在渭城送别。渭城也就是秦都咸阳故城，在长安西北，渭水北岸。

前两句写送别的时间，地点，环境气氛。清晨，渭城客舍，自东向西一直延伸、不见尽头的驿道，客舍周围、驿道两旁的柳树。这一切，都仿佛是极平常的眼前景，却风光如画，抒情气氛浓郁。

"朝雨"也就是早晨的雨，下得不长，刚刚润湿尘土就停了。从长安西去的大道上，平日车马交驰，尘土飞扬，而现在，天气晴朗，道路显得洁净。

"浥轻尘"的"浥"字是湿润的意思，显出这雨澄尘而不湿路，恰到好处，仿佛天从人愿，特意为远行的人安排一条轻尘不扬的道路。

客舍，本是羁旅者的伴侣，杨柳，更是离别的象征。它们本来因为总是和羁愁别恨联结在一起而呈现出黯然销魂的情调，却因一场朝雨的洒洗而别具明朗清新的风貌，"客舍青青柳色新"。

平日路尘飞扬，路旁柳色不免笼罩着灰蒙蒙的尘雾，一场朝雨，才重新洗出它那青翠的本色，所以说

■ 阳关古建筑遗址

■ 阳关古建筑遗址

王维（701—761），字摩诘，河东蒲州，今山西运城人，祖籍山西祁县，唐朝诗人，有"诗佛"之称。他是盛唐诗人的代表，今存诗400余首，重要诗作有《相思》《山居秋暝》等。王维精通佛学，受禅宗影响很大。佛教有一部《维摩诘经》，是王维名和字的由来。王维诗书画都很有名，多才多艺，音乐也很精通。

"新"，又因柳色之新，映照出客舍青青来。

总之，从清朗的天空，到洁净的道路，从青青的客舍，到翠绿的杨柳，勾勒出一场深情的，却不是黯然销魂的离别。相反地，倒是透露出一种轻快而富于希望的情调。

这首诗对如何设宴饯别，宴席上如何举杯，殷勤话别，以及启程时如何依依不舍，登程后如何瞩目遥望等，一概舍去，只有饯行宴席即将结束时主人的劝酒辞：再干了这一杯吧，出了阳关，可就再也见不到老朋友了。

宴席已经进行了很长一段时间，酿满别情的酒已经喝过多巡，殷勤告别的话已经重复过多次，朋友上路的时刻终于不能不到来。主客双方的惜别之情在这一瞬间都到达了顶点，最后的劝酒辞就是此刻强烈、深挚的惜别之情的集中表现。

处于河西走廊尽西头的阳关，和它北面的玉门关相对，从汉代以来，一直是内地出向西域的通道。

唐代国势强盛，内地与西域往来频繁，从军或出使阳关之外，在盛唐人心目中是令人向往的壮举。但当时阳关以西还是穷荒绝域，风物与内地大不相同。

朋友"西出阳关"，虽是壮举，却又不免经历万里长途的跋涉，备尝独行穷荒的艰辛寂寞。因此，这临行之际"劝君更尽一杯酒"，就像是浸透了诗人全部丰富深挚情谊的一杯浓郁的感情琼浆。

这里面，不仅有依依惜别的情谊，而且包含着对远行者处境、心情的深情体贴，包含着前路珍重的殷勤祝愿。

对于送行者来说，劝对方"更尽一杯酒"，不只是让朋友多带走一分情谊，而且有意无意地延宕分手的时间，好让对方再多留一刻。

"西出阳关无故人"之感，又何尝只属于行者呢？临别依依，要说的话很多，但千头万绪，一时竟不知从何说起。

在无言相对的沉默中，"劝君更尽一杯酒"，就是不自觉地打破这种沉默的方式，也是表达此刻丰富复杂感情的方式。

这首诗所描写的是一种最有普遍性的离别。它没有特殊的背景，而自有深挚的惜别之情，这就使它适合于绝大多数离筵别席演唱，后来编入乐府，成为最

西域 西域狭义上是指玉门关、阳关以西，葱岭即今帕米尔高原以东，巴尔喀什湖东、南及新疆广大地区。而广义的西域则是指凡是通过狭义西域所能到达的地区，包括亚洲中、西部，印度半岛的地区等。

乐府 最初始于秦代，到汉时沿用了秦时的名称。公元前112年，汉王朝在汉武帝时正式设立乐府，其任务是收集编纂各地民间音乐、整理改编与创作音乐、进行演唱及演奏等。

073

千年雄关

甘肃阳关

■ 阳关博物馆

流行、传唱最久的歌曲。

"西出阳关无故人"一句的影响是巨大的。

除了那首广为人知的《送元二使安西》之外，在流传下来的王维作品中，还有写到阳关的诗，和《送元二使安西》一样，王维的《送刘司直赴安西》，也是一首送别诗。

王维在《送刘司直赴安西》中写道：

> 绝域阳关道，胡沙与塞尘。
> 三春时有雁，万里少行人。
> 苜蓿随天马，葡萄逐汉臣。
> 当令外国惧，不敢觅和亲。

诗人鼓励刘司直赴边立功，同时也流露出自己希冀有所作为以使国家强盛的壮志豪情。

诗的前两联介绍友人赴边的道路情况。第一联"绝域阳关道，胡烟与塞尘"，指出路途遥远，环境恶劣。"绝域"，指的就是阳关之

外极远的地域。

这两句是写这条西去路的前方是边塞，接近胡人居住的地区。那里烽烟弥漫，沙土飞扬，一望无垠，满目凄凉。

第二联以空中与地上景象相互映衬，进一步表现阳关之外路途的寂寞荒凉。正值三春季节，南国正是"江南草长，群莺乱飞"之时，无奈阳关之外，一路上唯见偶尔飞过的归雁，平视前方，漫漫长路上极少有行人往来。

诗的最后一联中以"不敢觅和亲"，指西北地区少数民族建立的政权对唐王朝的臣服。这两句看似泛指，实际上是针对"刘司直赴安西"而言的，希望刘司直奔赴阳关之外，干出一番事业，弘扬国威。

王维关于阳关的诗，还有一首《送平淡然判官》，诗中说道：

不识阳关路，新从定远侯。

黄云断春色，画角起边愁。

瀚海经年到，交河出塞流。

须令外国使，知饮月氏头。

此诗写于盛唐时期，"须令外国使，知饮月氏头"之句，可以反映出大唐强大的国力使西域诸国畏服。

除了《送元二使安西》之外，对阳关影响较为巨大的当数《阳关三叠》了。《阳关三叠》，又名《阳关曲》或《渭城曲》，是根据王维《送元二使安西》谱写的一首著名的艺术歌曲。

千百年来，《阳关三叠》被人们广为传唱，有着旺盛的艺术生命力。在历史上，《阳关三叠》曾发生不少变化，这些变化使阳关更加神秘。

《阳关三叠》的历史最早可以追溯至唐代，王维的《送元二使安西》在唐代就曾以歌曲形式广为流传，并收入《伊州大曲》作为第三段。因为诗中有"渭城""阳关"等地名，所以又名《渭城曲》《阳关曲》。

■ 阳关故址碑刻

后来的唐代末期诗人陈陶曾写诗说："歌是《伊州》第三遍，唱着右丞征戍词。"

说明它和唐代大曲有一定的联系。这首乐曲在唐代非常流行，不仅是由于短短四句诗句饱含着极其深沉的惜别情绪，也因为曲调情意绵绵、真切动人。

唐代诗人曾用许多诗句来形容过它，如李商隐的"红绽樱桃含白雪，断肠声里唱阳关"等。

大约至宋代，《阳关三叠》的曲谱便已失传了。后来人们所见的古曲《阳关三叠》，则是一首琴歌改编而成。《阳关三叠》传至后代，有多种曲谱和唱法，仅宋代时期就有三种，连北宋著名文学家苏轼，也说他本人听过两种。

后世留传下来的《阳关三叠》歌谱共30多种，它们在曲式结构上有些差别，曲调则大同小异。

全曲曲调淳朴而富有激情，略带淡淡的愁绪，以同音反复作为结束音，强化了离情别意及对远行友人的关怀，与诗的主题十分吻合。

后世流传较广，经常演奏的《阳关三叠》琴歌，出自清末张鹤所编的《琴学入门》，全曲三大段，即三次迭唱。每次迭唱除原诗外，加入若干词句，系从原诗诗意发展而来，结束时添加尾声。

■ 李商隐雕塑

琴歌 即抚琴而歌，是古琴艺术的重要表现形式之一，能够较好地表现古琴富于歌唱性的特点。在我国古代，琴歌就已出现。现存最早的琴歌曲谱是宋代文学家姜夔创作的琴歌《古怨》。明代以后也有不少琴谱，比如《太古遗音》、《重修真传琴谱》《伯牙心法》等，都对琴歌作品进行了收录。

据1864年清代琴士张鹤所编的《琴学入门》记载，《阳关三叠》全曲共分三大段，用一个基本曲调将原诗反复咏唱三遍。故称"三叠"。

曲谱的每迭又分前后两段，琴歌开始加了一句"清和节当春"作为引句，其余均用王维原诗。后段为新增歌词，每迭不尽相同，带有副歌的性质，分别渲染了"宜自珍"的惜别之情、"泪沾巾"的忧伤情感和"尺素申"的期待情绪。

曲谱的旋律以五声商调式为基础，音调淳朴而富于激情，特别是后段"遄行，遄行"等处的8度跳进及"历苦辛"等处的连续反复陈述，情真意切，激动而沉郁，充分表达出作者对即将远行的友人那种无限关怀、留恋的诚挚情感。

《阳关三叠》歌曲结尾处渐慢、渐弱，抒发了一种感叹的情绪。

《阳关三叠》的《琴学入门》琴歌歌词写道：

■ 阳关古代城墙

清和节当春，渭城朝雨浥轻尘，客舍青青柳色新。劝君更进一杯酒，西出阳关无故人！霜夜与霜晨。遄行，遄行，长途越渡关津，惆怅役此身。历苦辛，历苦辛，历历苦辛宜自珍，宜自珍。

渭城朝雨浥轻尘，客舍青青柳色新。劝君更进一杯酒，西出阳关无故人！依依顾恋不忍离，泪滴沾巾，无

■阳关都护府

复相辅仁。

感怀，感怀，思君十二时辰。参商各一垠，谁相因，谁相因，谁可相因。日驰神，日驰神。

《阳关三叠》还有《阳春堂琴谱》。此版本被视为是《阳关三叠》最为凄凉的一个调。

除了《琴学入门》《阳春堂琴谱》的歌词外，《阳关三叠》还有其他几种歌词，包括《西峰重修琴谱》《风宣玄品》。《阳关三叠》一唱三叹，一叹三迭，让人叫绝。乐曲牵动着哀婉、缠绵的忧思向外飘出，悠悠不尽，缠绵不绝。

元代初期的史学家、文豪姚燧曾经填过一首《中吕·醉高歌》，曲中写道：

岸边烟柳苍苍，江上寒波漾漾。
阳关旧曲低低唱，只恐行人断肠。

雄关漫道

北方的著名古代关隘

■ 重建的阳关景象

豪放派 宋词风格流派之一,与婉约派并为宋词两大词派,代表是苏轼、辛弃疾。豪放派的特点大体是创作视野较为广阔,气象恢弘雄放,喜用诗文的手法、句法写词,语词宏博,用事较多,不拘守音律,然而有时失之平直,甚至涉于狂怪叫嚣。

曲中的阳关旧曲自然是指王维的《渭城曲》,后人将其谱成送别曲来唱。

此曲所写的是姚燧送别友人时的离愁别绪。开头两句通过"烟柳"与"寒波"写江边苍茫的景色,衬托与友人难离难舍的悲怆。

后两句是写送行人唱曲的心境。送人远行本来就心情凄哀,若再反复高唱"西出阳关无故人"就会更增加友人的哀愁,出于关心友人的体贴及《渭城曲》的特点,所以送行人只能"阳关旧曲低低唱",以免行人闻声肠断。

在我国古代阳关多战事的时代,这首乐曲表达了人们出关戍边,亲友送别的复杂心情,因此经久不衰,流传下来,成为了阳关文化的一部分。

阳关之地是非常干燥和荒凉的,这一点可以从杜甫的《送人从军》中看到:

弱水应无地,阳关已近天。

今君渡沙碛，累月断人烟。

好武宁论命，封侯不计年。

马寒防失道，雪没锦鞍鞯。

诗中的"弱水""阳关"，皆属陇右道，写这首诗时，这里正发生吐蕃之役。诗中"近天"，是谓天边头。"累月断人烟"一句生动地刻画了阳关之外的荒凉。

苏轼字子瞻，号东坡居士，生于1037年，是北宋时期文学家、书画家。他一生仕途坎坷，学识渊博，天资极高，诗文书画皆精。他的文章汪洋恣肆，明白畅达，与欧阳修并称"欧苏"，为"唐宋八大家"之一。诗清新豪健，善用夸张、比喻，艺术表现独具风格，与黄庭坚并称"苏黄"。词开豪放派，对后世有巨大影响，与辛弃疾并称"苏辛"。

苏轼在书法方面擅长行书、楷书，能自创新意，用笔丰腴跌宕，有天真烂漫之趣，与黄庭坚、米芾、蔡襄并称"宋四家"。

蔡襄（1012—1067），字君谟，汉族，著名书法家。他主持建造了我国现存年代最早的跨海式大石桥泉州洛阳桥。他为人忠厚、正直，讲究信义，且学识渊博，书艺高深，书法史上论及宋代书法，素有"苏、黄、米、蔡"四大书家的说法，其书法浑厚端庄，淳淡婉美，自成一体。

■ 苏东坡塑像

知州 古代官职。宋代至清代地方行政区域"府"的最高长官。唐以建都之地为府，以府尹为行政长官。宋升大郡为府，以朝臣充各府长官，称以某官知某府事，简称"知府"。明代以知府为正式官名，为府的行政长官，管辖所属州县。清代沿明制不改。知府又尊称"太守""府尊"，亦称"黄堂"。

苏轼画学文同，论画主张神似，提倡"士人画"。并著有《苏东坡全集》和《东坡乐府》等。他曾经填过一首《渔家傲》，其词名为《送张元唐省亲秦州》。词中写道：

　　一曲阳关情几许，知君欲向秦川去。白马皂貂留不住。回首处，孤城不见天霖雾。

　　到日长安花似雨，故关杨柳初飞絮。渐见靴刀迎夹路。谁得似，风流滕上王文度。

　　在这首词中，苏轼提到的"一曲阳关"，主要是借用阳关以表达他送别友人的离别愁绪。

　　苏轼一生爱惜人才，广交朋友，而且心胸豁达，待人朴厚真诚，可谓朋友遍天下。但宦海浮沉，官场常有不测。他与朋友常因升迁、贬谪而辗转江湖。

　　苏轼十分珍重朋友间的欢聚与重逢，一旦与朋友分别，怅然之绪便油然而生。"一曲阳关情几许，知君欲向秦川去。"写得相当有境界、有气势。

　　李清照出生于1084年，号易安居士，是宋代南北宋之交时期的女词人，更是婉约词派代表，有"千古第一才女"之称。

　　李清照早期生活优裕，与夫赵明诚共同致力于书画金石的收集整理。她所作的词，前期多写其悠闲生活，后期多悲叹身世，情调感伤，语言清丽。

论词强调协律，崇尚典雅，提出词"别是一家"之说，反对以作诗文之法作词。和许多文人提到阳关一样，李清照作品中提到的阳关，也是作为离别符号使用的。

她在所填的一首《蝶恋花》中写道：

> 泪湿罗衣脂粉满，四迭阳关，唱到千千遍。人道山长山又断，萧萧微雨闻孤馆。
>
> 惜别伤离方寸乱，忘了临行，酒盏深和浅。好把音书凭过雁，东莱不似蓬莱远。

■李清照塑像

这首词写于1121年的秋天，当时，李清照的丈夫赵明诚为莱州知州，李清照从青州赴莱州途中，住宿于宿昌乐驿馆时寄给家乡姊妹的。

整首词通过词人自青州赴莱州途中的感受，表达她希望姐妹寄书东莱、互相联系的深厚感情。

"泪湿罗衣脂粉满"，词人直陈送别的难分难舍场面。词人抓住姊妹送别的两个典型细节来做文章："泪"和"脂粉"，当然，这其中也包括了自己无限的伤感。

■ 阳关城楼

接着，"四迭阳关，唱到千千遍。"热泪纵横，犹无法表达姊妹离别时的千般别恨，万种离情，似唯有发之于声，方能道尽惜别之痛，难分难舍之情。关于"四迭阳关"的说法，苏轼《论三迭歌法》中曾经提道：

旧传《阳关》三叠，然今世歌者，每句再叠而已。若通一首言之，又是四叠。皆非是。若每句三唱，以应三叠之说，则丛然无复节奏。余在密州，文勋长官以事至密，自云得古本《阳关》。

每句皆再唱，而第一句不迭，乃知古本三迭盖如此。及在黄州，偶得乐天《对酒》云："相逢且莫推辞醉，听唱阳关第四声。"注云："第四声劝君更尽一杯酒"。

以此验之，若一句再叠，则此句为第五声；今为第四声，则第一句不迭审矣。

由此观之，李清照词中的"四叠阳关"的说法无误。"千千遍"

则以夸张手法，极力渲染离别场面之艰难。

值得注意的是，词人写姊妹的别离场面，竟用如此豪宕的笔触，表现了词人的笔力纵横，颇具恣放特色，在其《凤凰台上忆吹箫》一词中有"这回去也，千万遍《阳关》，也即难留"，似同出机杼。

临别之际，姊妹们说此行路途遥遥，山长水远，而今自己已行至"山断"之处，不仅离姊妹们更加遥远了，而且又逢上了萧萧夜雨，淅淅沥沥烦人心境，自己又独处孤馆，更是愁上加愁。词作上阕从先回想，后抒写现实，由远及近，词脉清晰。

李清照本来就是宋代著名的婉约词派人，她匠心独具地把阳关这个代表离别的符号引入了作品，更把离别的愁绪抒发得淋漓尽致。

南宋词人姜夔曾经填过一首词《琵琶仙》，词名为《双桨来时》。词中写道：

■ 阳关遗址建筑

双桨来时，有人似、旧曲桃根桃叶。歌扇轻约飞花，蛾眉正奇绝。

春渐远、汀州自绿，更添了几声啼鴂。十里扬州，三生杜牧，前事休说。

又还是、宫烛分烟，奈愁里、匆匆换时节。都把一襟芳思，与空阶榆英。

千万缕、藏鸦细柳，为玉尊、起舞回雪。想见西出阳关，故人初别。

这首词描写春游时偶遇与昔日恋人相似之女子，而勾起对往日情致的美好回忆。词的上阙写奇遇时的感受和怅惘，下阙写芳景虚逝的怨恨。

词尾"西出阳关"借用王维"西出阳关无故人"之句，传达出昔日欢爱已不得，唯见杨花柳絮漫天舞的惆怅与伤感。

阳关对我国文化的影响一直存在着，支撑这种影响存在的就是阳关文化。多少年来，无数迁客、文人墨客对它吟诵，有关阳关的诗词、曲赋、散文等文学抒写，使这个军事要塞充满了浓厚的文化底蕴。

阅读链接

元代歌伎刘燕歌，善歌舞，能词曲。刘燕歌有一首涉及阳关的散曲《太常引》尤为有名，词曲写道："故人别我出阳关，无计锁雕鞍。今古别离难，蹩损了蛾眉远山。一尊别酒，一声杜宇，寂寞又春残。明月小楼间，第一夜相思泪弹。"

刘燕歌这首为她的情人齐参议钱行的小令，写得情意缠绵、情真意切。小曲出语自然，而且低回婉转。怅怅然有寥落之思，频频回首之效。

太行关建于公元前22年，也叫"雄定关""天井关"，是豫晋边境第一雄关，位于晋城南20多千米，泽州县南部晋庙铺镇太行山最南麓天井关村，因关南有深不可测的天井泉三处而得名。天井关南延25千米，分大小两个关隘口，沿途有很多关城、古道和堡寨。

太行关古为豫晋边界，位于太行山的最南部，是通往河南沁阳的关隘，史称"太行八陉之一"。古为南北要冲，从春秋战国时期至明清时期，干戈迭起，为兵家必争之地。

豫晋雄关

山西太行关

太行道的古代建筑

太行道

太行道又称"丹陉"，陉阔三米，长20千米，雄踞太行山南端，是太行八陉最为重要的一条古代通道。

周围峰峦叠嶂，沟壑纵横，古隘耸峙，是豫北通往泽州的一条重要交通孔道，历史上为南控中原、北抵泽州的重要军事要道。形势雄峻，素称"天险"。由此陉南下可直抵虎牢关，是逐鹿中原的要陉之一。

据史书记载，此起泽州县天井关，南至河南沁阳常

■ 太行山古建

平村之间的太行道，山路盘绕似羊肠，关隘林立若星辰，地理位置十分重要。特别是天井关，更是天下名关，古人称其是"形胜名天下，危关压太行"。

从西汉时期设立天井关后，历朝历代这里纷争不断，兵戈迭起，大小战争数百起，给这里留下了丰厚的文化积淀。

这一带关隘共包括羊肠坂、磐石长城、碗子城、古长城、孟良寨、焦赞营、大口、小口、关爷岭、斑鸠岭、揽车村、天井关等多处要塞。

星轺驿和天井关有着密切的联系，并与古道共存亡。星轺驿以南的横望隘、小口隘、碗子城，则是天井关所辖的重要关隘，从春秋战国时期至明清时期，这里干戈迭起，硝烟不散，为历代兵家必争之地。

横望隘和小口隘，位于天井关村以南12千米处的太行绝顶，是晋豫古道上的重要关口。

中原 为中华民族、中华文明、中原文化的发源地，万里母亲河黄河两岸，千里太行山脉、千里伏牛山脉东麓，在古代被华夏民族视为天下中心。广义的中原是以中原洛阳、开封、商丘、安阳、郑州、南阳、许昌等七大古都群为中心，辐射黄河中下游的广大平原地区。狭义的中原即指天地之中、中州河南。

■ 碗子城的城门

横望隘也叫"大口隘"，因唐代宰相狄仁杰自汴州北上路经此地时，登山遥望，白云孤飞，他便想起留在河阳的父母而怀情吟诗，泽州太守为之刻石纪念，横望隘因此得名。

相传北宋大将孟良曾在此筑寨，把守关口，因此叫作"孟良寨"。

小口隘位于小口村南的山梁上，两边山岭高峻，崖悬沟深。607年的时候，隋炀帝南上太行，想到河南沁阳的御史张衡家中，为此专门开道45千米，由此通过。

北宋时期大将焦赞在此修筑城寨，防守关口，叫作"焦赞城"。时隔千年，焦赞城已不存在，而孟良寨由于修筑坚固，寨墙仍屹立在太行山的高岗上。

因为战争需要，太行道沿途建筑了不少古寨和墩台。他们因山势而建，形制各异，古寨有碗子城、磨

知县 也叫"知县事"，我国古代的一个官职，是一县的主官，主要管理一县的行政。如果所在县城驻有戍兵，也要兼管军事，兼任兵马都监或监押。元代时县的主官政称县尹，因为官衔在正七品，俗称"七品芝麻官"。

盘寨、焦赞城、孟良寨、韦铨寨、寨河寨、清风寨、大寨、小寨等。

寨栅之外，因为传递讯息的需要，仍有墩台10余个，分别为万善墩、碗子城左右双墩、大口墩、油坊墩、小口墩、黑石岭墩、水奎墩、天井关墩、道口墩。

其建设修缮状况，有据可查的仅在《凤台县志》里记载碗子城道：

> 碗子城，县南四十五里。唐初置此，以控怀泽之冲。其城甚小，故名。

至1861年，为防获嘉李占标起义兵北上太行，泽州知府派兵在太行布防，凤台知县阮蓁调四乡团练10000人防守，并"置墩台以塞城外之路，高与城齐，筑牛马墙数10余丈属于台，以护城。"又在碗子城中"修建兵房六间"，以使守关吏卒在风雨寒雪时能够避居。

与此同时，重修小口城墙，并在城外用土堆成数个烽火台，在台下修筑关门。又在门内修建几间房子，"规制略如碗子而杀之"，于

■太行山古建

■ 太行上山上的古寨遗迹

四椽栿 古代木构架建筑的样式之一。栿就是梁，建筑的纵向主要承重构件，栿上面横向的构件是槫，也叫"檩条"。槫挑上面纵向搭的小木棍是椽，两条槫之间的椽子称为"一架椽"，衬了四架椽子的就是"四椽栿"。

是"守备大固，人心悉定。山下烽火照关门，卒无有一人一骑草山而近址者。"这次修造共历时两个月。

因为历史的发展演变，这些建筑越来越失去其作用。古寨保存完好的只有碗子城、孟良寨、磨盘寨、韦铨寨、清风寨遗迹，其余的或有部分遗迹，或已夷为平地。

除了黑石岭墩有遗迹，水奎墩和天井关墩有一馒头状土包，其余的墩台则全都没有保存下来。其中，天井关墩已被村人称为"沿村圪堆"，后来又被命名为"擎关顶"。

太行道上的宗教建筑，见于记载的有普照寺，也就是后来的小月寺，还有大月寺、天井关文庙、天井关关帝庙、天井关玉皇庙、拦车孔庙、拦车关帝庙、冶底岱庙等。

大月寺位于三教河西岸，寺院四面环山，三教河流经其下。寺院东西37米，南北22米，全寺面积为814平方米。坐北朝南，背靠笔架山，东临骆驼崖，南接皇箭垴，环境幽雅。

据寺内碑文记载，寺院创建于1516年。大月寺在1648年和1750年的时候进行了重修。

寺为一进院，北有正殿五间，左右耳殿各三间，东西配殿各三间，正殿对南殿五间，右耳殿对南敞棚三间。左耳殿对倒座戏台三间，南殿与戏台间开山门一个，面阔一间。

后来，当地又在西边增设北大殿一院三间，左右耳殿各一间，西、南两面为院墙。正殿硬山顶，面阔五间，四椽栿。殿前辟三门，门阔一间，均设六扇隔扇门。寺内后存明清重修碑碣20余通。

小月寺位于窑掌村北2千米的玉柱峰北，山环水绕，是泽州古代一大禅林。初名"普照寺"，始建于

隔扇门 古代建筑中最常用的一种门扇形式，出现于唐代。隔扇门要整排使用，通常为四扇、六扇和八扇，主要由隔心，绦环板，裙板三部分组成。格门上部为格心，由花样的棂格拼成，可透光。下部为裙板，不透光，可以有木刻装饰，还可以除下。

■ 太行山古寨遗迹

■ 太行山古建遗迹

雄关漫道

北方的著名古代关隘

斗栱 又称"斗科""欂栌",是木构架建筑结构的关键性部件。斗栱用来在横梁和立柱之间挑出以承重,将屋檐的荷载经斗栱传递到立柱。同时,斗栱也有一定的装饰作用,是我国古典建筑的显著特征之一。

金代。在1516年的时候,更名"小月院寺"。

清代星轺人张瑞祥在《月院山普照寺纪胜碑》里记述了当时小月寺环境的清幽:"石壁嵯峨,飞流喷薄,乔林丹壑,兽怪禽奇。"

清代康熙文渊阁大学士陈廷敬游此后也写道:

树杪水溅溅,群峰矗碧天。

松门留晓月,板屋过流泉。

谷口山城远,窗中鸟道悬。

前林少人迹,寒磬下溪烟。

冶底岱庙建于冶底村西阳坡之上。1512年,松月野叟在亮月庵所撰写的《重修东岳庙碑》记载冶底岱庙时说道:

其庙圣境者，龙泉水满，竹木森然；殿宇廊庑，次第行列，诚无浪说也。

冶底岱庙依地势而建，分为上下两院。上院正殿为天齐殿，是1080年重修而建的。这间正殿面阔三间，进深三间，是单檐歇山顶，出檐2.5米，斗栱构架循宋、金营造法式。

大殿正门外的方形覆莲石柱础、方形抹角石柱与分列四根石柱顶端的题名。1187年，古人为其雕刻了石刻门框、对狮石雕门礅，工艺精湛，铭记明确。

正殿殿内有精美的砖雕神台和木雕神龛花罩，殿顶是高2.3米的琉璃龙吻，活灵活现的工艺使两盘四爪蛟龙从天而降，腾临殿脊。

阅读链接

一天，魏将司马懿率一支轻骑到封地巡察，行至半山腰一开阔地，战马突然裹步不前。两随从也扬鞭催马，岂料战马竟然跪卧不起。

司马懿正在疑惑，见路旁有一怪石似乎在嘲笑他，不禁大怒，拔出随身佩剑向怪石刺去，剑身竟刺入石中不能拔出。这时，一随从禀报说，民间传说此山有一白龙神马，因此凡马不敢上山。

司马懿听罢，祈祷说，我乃魏将司马懿，请神马放行。说来也怪，司马懿祈祷完毕，战马便一溜烟似的向山顶奔去。后来，司马懿的孙子司马炎称帝后，便迫不及待地北上太行，为追思其先祖司马懿，就叫人在山上修了一座晋庙。后来人们就把这座山叫作"司马山"。

天井关的历史沿革

　　公元前17世纪初，是夏代的后期，商汤讨伐夏桀，迫使夏桀把都城安邑迁移到高都，就是后来的泽州高都。夏桀居住在镇南垂棘山的山洞里，而太行陉是安邑到高都的必经之地。在此时，晋东南豫西北一带就成了夏桀迁都后的主要活动地方。

■ 太行山风光

后来清代地理学家和学者顾祖禹编撰的巨型历史地理著作《读史方舆纪要》记载："汤归，自伐夏，至于太行。"《泽州县志》也记载："夏桀居天门……桀始迁于垂。"这里的天门是指天井关。

天井关雄踞太行山的最南部，故又名"太行关"，地处晋豫交界的泽州晋庙铺境内。天井关因关前有三口深不可测的天井泉而得名，为山西的六大雄关之一，是利用太行天险而修筑的重要关隘，是晋豫穿越太行的交通要道。

天井关分别由天井关城、星轺驿和多处险隘要塞所组成。天井关周围峰峦叠嶂，沟壑纵横，古隘丛峙，地势险峻。历史上为南控中原，北扼上党的军事要塞。

天井关在古史中称其是"河东屏翰""冀南雄镇"。后来东汉时期历史学家班固编撰的我国第一部

■ 天井关城门

《读史方舆纪要》原名《二十一史方舆纪要》，是清代初期顾祖禹独撰的一部巨型历史地理著作。具有浓厚的历史军事地理学特色，其核心在于阐明地理形势在军事上的战略价值。

■ 太行山天梯

纪传体断代史《汉书·地理志》记载："上党高都有天井关，即天门也"，这是有关天井关的最早记载。

天井关地处太行南北，豫晋两省之交通要道，形势险峻，是历代兵家必争要地。

我国第一部记述水系的著作《水经》记载说：

天井溪出天井关，北流注白水，世谓之北流泉。

在公元前11世纪，西伯侯文王姬昌带领大军，包围了商朝西南的田猎区及军事基地鄂国的都城，并占领了太行陉南端的大片领地，为攻伐商纣扫清了障碍。

公元前922年，周穆王姬满西巡时，走到翟道时没有道路了，只有从天井关经过。传说周穆王从天井关出发，驰驱千里，最后才到达昆仑山，与西王母相会了。

传说春秋末期儒家创始人孔子在鲁国设坛讲学，他门下有很多弟子。孔子听说太行关所在的太行山那里有一个村庄，居住在那里的人都十分博学，就想带着弟子去那里游览一下，传播自己的学术。

孔子与弟子们来到太行关后，一边乘车一边游览

儒家 又称"儒学""儒家学说"，或称为"儒教"，是我国古代最有影响的学派。作为华夏固有价值系统的一种表现的儒家，并非通常意义上的学术或学派，是中华法系的法理基础。儒家最初指的是冠婚丧祭时的司仪，自春秋起指由孔子创立的逐步发展以仁为核心的思想体系。

当地的风景。这时，前面道路上几个玩闹的孩童看见有车马过来，纷纷躲避让行，只有一个孩子站在路中央纹丝不动，脚边还有一圈泥土。

孔子弟子子路马上停下车，让孩子走开，但那孩子还是没有避让。孔子见状，问那个孩子说："你看见马车为什么不躲开呀？"

那个小孩笑着说："这里有一座城池在路中间，车马怎么可能过得去呢？自古以来都是车马避让城池，哪有城池躲避车马的道理呢？"

孔子又问："城池在哪呢？"

那个孩子说："就在您的脚下。"

孔子下车查看，发现那个孩子站在一个用石子和泥土摆成的土圈的"城池"里面。孔子感到非常惊奇，就问那孩子的名字，那孩子说他的名字叫项橐。

孔子上下打量了项橐，他想这地方的人果真聪

坛 古代主要用于祭祀天、地、社稷等活动的台型建筑。最初的祭祀活动在林中空地的土丘上进行，逐渐发展为用土筑坛。坛早期除用于祭祀外，也用于举行会盟、誓师、封禅、拜相、拜帅等重大仪式，规模由简而繁，体型随天、地等祭祀对象的特征而有圆有方，做法由土台演变为砖石包砌。

■ 孔子与弟子周游列国塑像

孔子回车处

慧，连小孩都如此伶俐，只不过有些恃才傲慢罢了，他就想出了一连串问题。

孔子问项橐："你的口才很厉害，但是我想考考你。什么山上没有石头？什么水里没有鱼儿？什么门没有门闩？什么车没有轮子？什么牛不生犊儿？什么天太长？什么树没有树枝？什么城里没有官员？什么人没有别名？"

孔子问完，笑笑后看着项橐。项橐想了想说："您听着。土山上没有石头，井水中没有鱼儿，无门扇的门没有门闩，用人抬的轿子没有轮子，泥牛不生犊儿，冬天白日里短，夏天白日里长，枯死的树木没有树枝，空城里没有官员，小孩子没有别名。"

孔子大惊，这孩子竟智慧过人！

项橐这时不容孔子多想，反问孔子说："现在轮到我考您了。鹅和鸭为什么能浮在水面上呢？"

孔子答："因为鸭子有毛，可以浮于水面之上啊！"

项橐接着问："可是葫芦没毛，为什么也能浮在水面上呢？"

孔子又答："因为葫芦是圆形的，里面又是空心的，所以能浮而不沉。"

项橐又问："钟也是圆形，里面也是空的，为何不能浮着呢？"

孔子无言以对，但是项橐又接二连三地发问："鸿雁和仙鹤为什么善于鸣叫？松柏为什么冬夏常青？"

孔子答道："鸿雁和仙鹤善于鸣叫，是因为它们的脖子长。松柏冬夏常青，是因为它们的树心坚实。"

"不对！"项橐大声说，"青蛙也善于鸣叫，难道是因为它们的脖子长吗？胡竹也是冬夏常青，难道是因为它们的茎心坚实吗？"

孔子觉得这孩子知识渊博，连自己也辩不过他，想到自己本来还想为当地人传播学识，就觉得十分惭愧，于是便打消了东游的念头，不再前进了。

这就是孔子东游太行关的故事。后来，这村子里还有回车辙、石碑和孔庙等。

公元前260年，秦赵两国在韩国的长平地区进行决战，秦昭襄王亲自来到河内郡的野王督战增援，并赐给所有的郡民爵位一级，征募15岁以上男子，通过太行陉的丹河谷地带调往长平前线。

公元前204年，在楚汉战争时期，汉高祖刘邦接受了谋士郦食其的建议，"据敖仓之粟，塞成皋之险，杜太行之道"，在太行陉及丹河谷地增派重兵。后人把刘邦当年屯兵城池称为汉高城，以作纪念。

公元前23年秋天至公元25年的时候，东汉开国大将冯异北攻天井

楚汉战争蜡像

■ 隋炀帝铜雕壁画

雄关漫道

北方的著名古代关隘

《资治通鉴》
简称"通鉴"，是北宋司马光主编的一部多卷本编年体史书，共294卷，历时19年告成。它以时间为纲，事件为目，从公元前403年写起，至959年征淮南停笔，涵盖16朝1362年的历史。《资治通鉴》是我国第一部编年体通史，在我国官修史书中占有极重要的地位。

关，并占领了此关。东汉将军王梁任野王，曾派往镇守天井关。

后来，天井关为更始帝王莽部将田邑所占据，汉光武刘秀派部将刘延攻打天井关，久攻不下，直至王莽死后，田邑才献关请降。

在530年，北魏孝文帝斩了大将尔朱荣，尔朱荣的儿子尔朱世引兵进犯洛阳，没有攻下洛阳，又向北直奔潞州，直至建州，也就是后来的泽州，先攻破了天井关，建州于是宣告沦陷。

隋炀帝杨广在607年5月，由洛阳出发，在仪仗、车队等大量随行人员簇拥下，经太行陉，北巡突厥牙帐。两个月后，炀帝返回南下，途经济源回到洛阳。

根据我国第一部编年体通史《资治通鉴》的记载，"帝上太行，开直道九十里，九月，至济源。"

唐玄宗李隆基在723年的正月从东都洛阳出发，经太行陉北上，巡幸潞州、并州，在星轺驿写下了

《早登太行山中言志》一诗。同年冬十月，玄宗皇帝再次沿前次路线北巡。

843年的时候，昭义节度使刘从谏病卒。唐代右骁卫将军刘从素的儿子刘稹，也就是刘从谏的侄子，早期为牙内都知兵马使，他采用了昭义兵马使郭谊的建议，秘不发丧，自领军务，拒不听从朝廷调遣，并占据泽州和潞州。

908年3月，梁太祖朱全忠由都城河南开封出发，经太行道天井关前往泽州，安抚督导与晋王交战的将士。4月，朱全忠经星轺驿顺原路又返回大梁。

960年4月，宋太祖赵匡胤北上太行讨伐原后周昭义节度使李筠叛乱。在常平和碗子城，因道路险窄，宋太祖亲自下马负石，带领全体将士铺平山道，然后北上星轺驿、天井关并抵达泽州。

在1126年的时候，天井关改称"雄定关"，至元代末年，又改称叫"平阳关"。关内的羊肠坂道十分险要，又称"丹道""丹径"或"太行坂道"。

阅读链接

太行山本来在冀州的南边，但是一位住在附近的叫愚公的老人因为觉得太行山阻碍了自己的出行，就对家人说："我跟你们尽全力铲除险峻的大山，可以吗？"

大家纷纷表示赞成。

于是，愚公率领子孙中的三个人上了山，凿石开垦土地，用箕畚装着土石运到渤海的边上。有人讥讽他愚笨，愚公却说："即使我死了，我有儿子在，儿子又生孙子，子子孙孙没有穷尽，然而山却不会增加高度，何愁挖不平？"

山神听说了这件事，就禀告了天帝。天帝被他的诚心所感动，命令大力神夸娥氏的两个儿子背负着两座山，一座放在朔东，一座放在雍南。从此，太行山就在朔东了。

太行关见证千古名句

　　自古以来，许多文人骚客都经天井关，并留下了诗词名篇。西汉时期的著名经学家和数学家刘歆曾作了我国文学史上第一篇纪实性纪行赋叫《遂初赋》，其中描述太行关：

■ 太行山风光

■ 曹操雕塑

驰太行之严防兮，入天井之乔关。
历冈岑以升降兮，马龙腾以超摅。
无双驷以优游兮，济黎侯之旧居。
心涤荡以慕远兮，回高都而北征。

206年，曹操率兵亲征高干，途中经过太行山著名的羊肠坂道，写下了汉乐府诗《苦寒行》，其格调古直悲凉，回荡着一股沉郁之气。诗写道：

北上太行山，艰哉何巍巍！
羊肠坂诘屈，车轮为之摧。
树木何萧瑟，北风声正悲。
熊罴对我蹲，虎豹夹路啼。
溪谷少人民，雪落何霏霏！
延颈长叹息，远行多所怀。

纪行赋 也就是通过记叙旅途所见而抒发自己感慨的赋作。纪行赋以纪行为线索，兼有抒情抒怀，写景叙事，一般篇幅不太长，是两汉时期汉赋作家在抒情言志上另寻新法的一种大胆尝试，也是后代游记文学的先声。

■ 太行山上的羊肠
坂道

诗的大意是：向北登上太行山，多艰难呀，这山势多么地高耸。山坡上的羊肠小道弯曲不平，车轮都因此而摧毁。树木萧条冷清，北风传来悲伤的声音。

大熊盘踞在我们的前方，虎豹在路的两旁咆哮着。山谷中少有人居住，而且正下着大雪。伸长脖子眺望时，不禁深深叹气，这次远征，内心感触很多。

诗以"艰哉何巍巍"总领全篇，通过征途所见突出一个"艰"字。"树木何萧瑟，北风声正悲"两句为全诗奠定了萧瑟悲凉的基调，使诗笼罩在一片凄哀险恶的气氛中。

这首诗感情真挚，直抒胸臆，毫不矫情作态。曹操在诗中用质朴无华的笔触描述了委曲如肠的坂道、风雪交加的征途和食宿无依的困境。

对于艰难的军旅生活所引起的厌倦思乡情绪，曹操也作了如实记录。更感人的是，尽管作为东汉晚期的军事统帅，曹操在诗里却没有强做英豪之态，而是赤裸裸地写出了当时在那种环境下的内心波动，直露的笔触把自己的内心世界呈现了出来。

整首诗写出了诗人同情长期征战的战士，渴望战争结束、实现统一的心情，整个诗歌弥漫着悲凉之气，抒情真挚感人。后来，盛唐时代的帝王唐玄宗李

禁卫军 古代皇帝的直属卫队或宫殿卫兵的俗称，分为御林军和锦衣卫。在商代、周代、春秋战国时期、唐代等朝代都有这种军事机构。禁卫军是皇帝身边的贴身护卫，是皇上在受刺杀时的保卫人员，通常是精锐中的精锐部队，是从军队中精挑细选出来的。

隆基也曾为太行关作诗，名为《基早登太行山中言志》：

清跸度河阳，凝笳上太行。

火龙明鸟道，铁骑绕羊肠。

白雾埋阴壑，丹霞助晓光。

涧泉含宿冻，山木带余霜。

野老茅为屋，樵人薜作裳。

宣风问耆艾，敦俗劝耕桑。

凉德惭先哲，徽猷慕昔皇。

不因今展义，何以冒垂堂。

仪仗队鸣锣开道，禁卫军神色威严，灯火成龙地行进在羊肠鸟道上，真龙天子端坐大轿之中，度河阳、上太行。

清晨的白雾缓缓升腾在太行山的山谷沟壑之间，天边的朝霞伴着阳光一同出现在天边，绚烂美丽。山间中的清泉还未从寒夜中完全解冻，山上的草木还有未融的余霜。

老人们住的是茅草屋，打柴人穿的是麻布粗衣，老辈人传播好的风尚，催促后人以农桑为本，树立淳

■ 唐玄宗 即李隆基，也称"唐明皇"。于712年至756年在位。他重视地方官的选拔，曾亲自考核县令，把不称职的人斥退，任用姚崇、宋璟等贤相，励精图治，因此社会安定，生产发展，经济繁荣，唐代进入全盛时期，史称"开元盛世"。

厚风俗。我要仿效先皇的贤明盛德，若不是为了宣抚百姓，伸张正义，我何苦到这艰险的大山上来呢？

这是一首排律，它采用四句一转的方式，开头四句描写皇帝出行的威严，并且设问说，堂堂大唐皇帝为什么不在宫中安享清福，而一大清早便上太行山呢？

下面四句则描写太行山的清晨美景，"野老"四句进一步描写山乡民俗民风。最后四句抒怀言志，从而回答了开篇时的疑问。这样，起承转合，层层递进，格律严谨，读来朗朗上口，颇有气势。

在经历过盛唐后几百年的金代，既是著名文学家，又是诗人的金代学者元好问也同样对太行关发出了感慨，他作诗《天井关》写道：

■ 元好问塑像

格律 我国古代诗歌所独有的，并在创作时的格式、音律等方面所应遵守的准则。诗词格律一般有四大要素，用韵、平仄、对仗、字数。其中律诗最为严格，必须满足全部要素。格律诗包括律诗和绝句，被称为近体诗或今体诗。

> 石磴盘盘积如铁，牛领成创马蹄穴。
> 老天与世不相关，玄圣栖栖此回辙。
> 二十年前走大梁，当时尘土困名场。
> 山头千尺枯松树，又见单车下太行。
> 自笑道涂头白了，依然直北有羊肠。

明代著名贤臣于谦，他为官廉洁、性情刚直，曾平反冤狱，救灾赈荒，深受百姓爱戴。他在1421年的时候考中进士，1430年担任监察御史，因才华出众，调任兵部右侍郎巡抚河南，总督税粮，在任19年。

于谦可谓文武兼备，抱有远大的志向，正如他的字"廷益"那样，有益于朝廷和百姓。他任河南、山西巡抚期间，往来于河南、山西，太行陉、白陉，这几个地方都是他常常经过的道路。

于谦曾多次饱览太行山的雄姿景色，体会到了高山的深沉底蕴、无穷力量和崎岖难行，饱览太行山雄姿。因此有感而发作诗《夏日过太行》写道：

> 信马行行过太行，一川野色共苍茫。
> 云蒸雨气千峰暗，树带溪声五月凉。
> 世事无端成蝶梦，长途随处转羊肠。
> 解鞍磐礴星招驿，邻上高楼望故乡。

■ 云雾缭绕的太行山

庄周 即庄子，是战国时期的思想家、哲学家、文学家，也是道家学说的主要创始人之一。庄子同时也是老子思想的继承和发展者，因此后世将他与老子并称为"老庄"。于是，他们的哲学思想体系，被思想学术界尊为"老庄哲学"。

雄关漫道
北方的著名古代关隘

■ 于谦雕像

战马不停地行走在太行山中寂静的小路上，整个山谷包括花草，都被苍茫的、灰蒙蒙的暑气笼罩着。

云中好像吸附了许多水气，天空变得阴暗，无数的山峰也显得灰暗下来，树枝摇摆着、树叶晃动着并发出"哗啦哗啦"的声音，像是溪水流动的声音。已经是五月，但在太行山中却满是凉意。

经历的世事像是亦真亦幻的梦境，又像是庄周梦蝶一样，使人茫然分不清楚。路途很长，多是高高下下、转弯抹角的羊肠道，似乎迷失在途中，又似乎永远望不到尽头。

停下马来在郐乡气派壮观的驿站休息，登上高楼眺望着心中思念的故乡的方向。自己常年在外地为官，为国事操心、为百姓解难，很少有机会回家探望，早已不知故乡的亲人状况怎么样。

"信马行行过太行，一川野色共苍茫。"于谦开门见山地绘出了一幅图画，苍茫、炎热的夏季天气里，太行山的大谷深沟边，一行人马在赶路，这样空荡惆怅的情怀似乎也感染了山中的一切生命。

炎热的天气环境，苍茫凉爽的太行山中，看不穿亦

太行山风光

喜亦悲的世事，反映出于谦心中的些许迷茫。由景色的苍茫、迷离，引申到人内心的迷茫、困惑。

诗中提到的"庄周梦蝶"的故事，因其深刻的意蕴、浪漫的情怀和开阔的审美想象空间而备受后世文人喜爱，同时也成为于谦借以表达离愁别绪、人生慨叹、思乡忧国、恬淡闲适等多种人生感悟和体验的一个重要意象。

于谦的这首《夏日过太行》诗作朴实贴切、生动形象、由景及情、有感而发，没有无病呻吟之状，堪称佳品。

阅读链接

太行陉的形成，促进了沿线居民经商观念的形成、商品转运业的发达、大批城镇的崛起，繁荣兴起了覃怀与泽潞商业文明，为两地创造出领先于邻近区域的古代文明奠定了基础。

至明清时期，太行道连通的河南沁阳、博爱等地的万善镇、邢邙镇、许良镇以及泽州地区凤台县、大阳、阳城等地已"店铺栉比，烟火万家"，成为当地工商贸易中心。

引人入胜的神话传说

玉帝塑像

传说，玉皇大帝的妹妹因为羡慕人间的恩爱生活，她偷偷下凡来到人间，结识了一位姓杨的书生，并与之结为了夫妻。

玉帝的妹妹为杨书生先后生下了三个孩子，老大是个男孩，叫杨昭，老二也是男孩，被称为二郎杨戬。最小的孩子是个女儿，名叫杨莲，也就是华山三圣母。

根据我国四大古典名著之一《西游记》的记载，二郎杨戬是：

仪容清俊貌堂堂，两
耳垂肩目有光。头戴三山飞
凤帽，身穿一领淡鹅黄。镂
金靴衬盘龙袜，玉带团花八
宝妆。腰挎弹弓新月样，手
执三尖两刃枪。

玉皇大帝知道妹妹私自下凡
后，十分震怒，便将妹妹压在了
太行山附近的桃山之下受苦。杨
戬自幼便本领不凡，为了救出母
亲，更是苦学本领。

因此，早在杨戬17岁的时候
就已经是勇不可当，曾经在二郎山中干掉了八个危害
人间的妖怪，是个顶天立地的战神。

■ 二郎神杨戬塑像

在杨戬自认已经有了足够的力量去救母亲时，他
就带着一把开山斧力劈桃山，救出了被压在山下受难
的母亲。母子相逢自是欢喜无限，但不幸的是，杨戬
的母亲因为在山下压得太久，十多年不见阳光，身上
已经长满了白毛。

于是，二郎就将母亲放在山上晒太阳。

这时，玉帝听说二郎把压着妹妹的山劈开了，十
分恼怒，为了消除自己耻辱，他便放出九个太阳上
天，将杨戬的母亲晒得化成烟消失了。

二郎非常悲痛，气得要捉住那九个太阳。他冲到
天上，先用两只手分别捉住两个太阳，因为无处搁

玉皇大帝是我国
古代传说中最大
的神，也是众神
之皇。他除了统
领天、地、人三
界神灵之外，还
管理宇宙万物的
兴隆衰败、吉凶
祸福。因为具有
制命九天阶级、
征召四海五岳的
神权，所以众神
佛都列班随侍他
的左右。

■ 太行山

放，就分别掀起两座大山将捉住的太阳压住了。

剩下的七个太阳在天上乱窜，杨戬为了能将它们都压在山下，就用了一副扁担担了七座大山，然后继续追赶太阳。杨戬在成功捉住六个太阳并将它们压好后，只剩下最后一个太阳在飞跑了。

筋疲力尽的杨戬一直将它追进了东海里，却因为体力不支在海边晕倒了，被东海龙王的三公主救下。之后他们就结成了美满良缘，人间也就留有一个太阳来普照万物了。

虽然成功地捉住了大多数太阳，为母亲报了仇，但是杨戬依旧对自己舅舅玉皇大帝的行为耿耿于怀。玉帝也自知理亏，便封他为"英烈昭惠显灵仁佑王"，道号"清源妙道真君"。

传说在太行山脚下的一个村子里，生长着大片大片的野生玫瑰，年年开花，生生不息。每逢春夏，漫

龙王 我国神话传说中在水里统领水族的王，掌管兴云降雨，为人间解除炎热和烦恼，是我国古代非常受敬重的神灵。传说共有东海敖广、西海敖钦、南海敖润、北海敖顺这四个以海洋为区分的四海龙王。

山遍野，花香四溢，蜂蝶群舞，非常好看。村子里的人们都说，是玫瑰仙子给他们带来了福气。

据说，当年武则天当上女皇以后，仅统治人间还不满足，她还想统治天地万物。

有一天，武则天突发奇想，传旨要百花在某日辰时开放。当时正值隆冬季节，北风呼号，雪花飘飘。圣旨一到，百花仙子个个面露难色，不知如何是好，唯有牡丹仙子拒不受命。

第二天辰时，就是武则天指定的开花时辰。眼见时辰马上就要到了，平日里和牡丹仙子最要好的玫瑰仙子相劝说："武则天虽为人君，但天意难违，还是从命吧！"但是，牡丹仙子仍不从命。相劝中，不知不觉过了半个时辰。

女皇武则天率群臣前来观看，见百花相继开放，

天庭 是指我国古代神话传说中众神居住、游玩、工作的地方，以九层浮在空中的云承托着，其入口处在紫薇之星与北斗之星相对的南天门，由第一重天瑶池到第九重天离恨天共计33层。

豫晋雄关

山西太行关

■ 武则天游园塑像

■ 太行山黑龙潭

非常满意。但她细看之时，却发现百花丛中仍有两种花未开，不禁有些恼火。身边的侍女告诉她，这两朵花是牡丹和玫瑰。

武则天大怒，传诏将牡丹连根拔起，烟熏火烧，逐出京城，发配洛阳。她本想把玫瑰仙子一同发落，但又一想，自己养容驻颜要用玫瑰泡茶，每日洗浴要用玫瑰泡澡，随身衣物要用玫瑰薰香，便又传一旨：玫瑰仙子未按时辰开花，鞭打20下。

玫瑰仙子被打得遍体鳞伤，但她见牡丹仙子被折磨得奄奄一息，就不顾自己浑身伤痛，执意要护送牡丹仙子去洛阳。洛阳人早已知道牡丹仙子一身傲骨，争相用纸包了牡丹根茎回去栽种。玫瑰仙子见人们这样喜欢牡丹仙子，便放心地告辞了。

在返回京城的途中，玫瑰仙子俯首向大地望去，见太行山郁郁葱葱，山脚下有一村落炊烟袅袅，阡陌

天条 在我国神话传说中，所有的神仙都要服从玉皇大帝和王母娘娘的掌管。天条就是玉皇大帝和王母娘娘为了维护天庭的秩序而定下的规矩教条，违反天条的神仙也会受到相应的惩罚。

纵横。她心想，我私自外出，已犯天条，回去必定受难，不如在此生根，为百姓造福。于是，玫瑰仙子就在村旁生出了一丛丛的玫瑰，当地村民用玫瑰花当茶饮，养容驻颜。由于是私藏民间，玫瑰仙子虽花香色艳却不敢声张，只是默默无闻地为一方百姓奉献着自己。

这个村子的东北处还有一潭名叫黑龙潭，是古泽州八景之一的"龙潭夜雨"之所在。潭边石崖上有"古龙泉""龙潭骤雨""神龙致雨"等古石刻多处，被古人称为"八景第一灵迹"。

相传潭中有一黑龙行云布雨，又因附近山上生长着一种黑色小蛇，故名"黑龙潭"。

传说黑龙潭的龙王十分灵验。过去天旱时，晋城十里八村的百姓都到这里祈雨，千求千应，百求百灵。当地人为感谢龙王施雨之恩，每年农历五月十三至十五都会在牛山村唱三天"官戏"敬谢龙王。

传说很久以前，有一老年夫妻一直未曾生育。

一年，老夫人突然怀孕生下一子。因为那个男孩肤色很黑，就起名叫黑孩。黑孩尚未成年，老夫妻就逝世了，黑孩只好投靠了舅舅。

有一年，黑孩的舅舅种了二亩高粱，让黑孩去锄草，黑孩竟把满地的高粱都锄光了，只在地中央留下了一棵高粱。舅母知道后非常生气，舅舅也很惊讶。但黑孩却说，别看只一棵，秋后收获不少的。

每逢天旱时，村里人们的庄稼都得不到浇灌，黑孩却每次都到井口边向井里看。奇怪的是，每当黑孩看过井，不一会就会有乌云飘过

■黑龙潭瀑布

■太行山黑龙潭瀑布

来下雨。

到了秋天，黑孩种下的高粱长得像棵大树，黑孩爬在高粱树上砍高粱，舅舅在高粱树下打高粱，打下的高粱装满了舅舅家的房子。

有一天，黑孩对舅舅说："我要走了，以后有事就到牛山东北的水潭找我吧！"

过了几年，天又大旱，人们都说牛山村东北的黑龙潭如何如何灵验，舅舅猛然想起了外甥临走时说的话，才知道黑龙潭的龙王原来就是自己的外甥黑孩。

阅读链接

太行山上原有一座小庙，庙里有一大一小两个和尚和一头毛驴。毛驴给和尚拉碾拉磨，小和尚天天给毛驴割草。

有一天，小和尚发现一块中间有凹槽的神奇的石头，从那块石头附近长出的草，无论怎么割也割不完。小和尚赶忙回去告诉寺中的方丈，两个合力把石头带回寺中。

后来，这块神奇的石头消失了，当地人就把当年小和尚割草的地方称为"食草沟"。

山西宁武关

宁武关遗址在今山西省宁武县城，是古代三关镇守总兵驻所所在地，关城始建于1450年。宁武关关城雄踞于恒山余脉的华盖山之上，临恢河，俯瞰东、西、南三面，周长2000米，开东、西、南三门。

战国时期，赵武灵王在楼烦的宁武置关以防匈奴，称为楼烦关。后来的宁化村就是楼烦关的南口，楼烦北边的阳方口就是楼烦关北口。至唐代，取广宁、神武二郡尾字而设宁武郡，因此楼烦关改称为"宁武关"。

镇守三关的总驻地

宁武关在1450年建成后，在明成化、正德年间，均有修缮。1479年，当时的巡抚魏绅拓广了关城，把关城的2000米周长扩建至3500多米，并且加辟了北门，在上面建了飞楼，起名为"镇朔城"。

1498年，宁武关关城的城墙又增高了1.5米，并加开了北门，不过

■明代长城垛顶砖

这时的城墙仍为黄土夯筑。砖城墙是1606年包砌的。

1573年至1620年，宁武关关城在全部用青砖包砌城墙的同时，还修建了东西两座城门楼。在城北华盖山顶修筑了一座巍峨耸峙的护城墩，墩上筑有一座三层重楼，名为"华盖楼"。

宁武关的关城不仅与内长城相连，而且在城北还修筑有一座长达

20千米的边墙。

宁武关位于凤凰山的北边，传说是由凤凰所变，遇到外敌侵犯就能神奇地飞走，所以宁武关也有"凤凰城"之称。

宁武关的城池犹如凤身，城北华盖山护城墩酷似凤首，东西延伸的两堡俨然一对凤翅，南城的迎薰楼，正如高翘的凤尾，而雄居城中的鼓楼堪称凤凰的心脏。

1620年，宁武关的城墙用砖包增高了，使关城更为坚固雄壮。

当时，明代朝廷为了抵御蒙古的进攻，在北方不断设险置关、修筑防线，形成了外边与内边。

而内边指的就是在山西偏关所建的，经神池、宁武、代县、朔县、蔚县等地抵延庆县的，蜿蜒1000多千米的内线长城。在这条长城构成的防线上，明代朝廷建关设堡，驻守军队。

在河北境内，明代朝廷沿线建设了紫荆、倒马、居庸三个关塞，称为"内三关"。而在山西境内所建设的偏头、宁武、雁门三关，被称为"外三关"。

外三关之中，偏头为极边，雁门为冲要。而宁武介于这两个关塞的中间，扼内边之首，地势尤重要。

故《边防考》上说：

以重兵驻此，东可以卫雁门，西可以援

巡抚 又称抚台，官名，我国明清时地方军政大员之一。巡视各地的军政、民政大臣。清代巡抚主管一省军政、民政。以"巡行天下，抚军按民"而名。巡抚，兼都察院右副都御史衔，从二品，加兵部侍郎衔，正二品。

■ 明代敌楼望孔石

偏关，北可以应云朔，盖地利得势。

宁武关是三关中历代战争最为频繁的关口，当时北方诸民族只要南下，必经三关。偏关由于有黄河作为天险，只有冬季匈奴的骑兵才可以踏冰而过，而雁门以山为天险，骑兵难以突破。

宁武关所靠的恢河是季节性河流，在恢河断流的季节，匈奴骑兵就沿河谷挥师南进，直抵关下。当时恢河河谷可容"十骑并进"，所以大多数时候，宁武关都会成为交战的主要战场。

鲜卑、突厥、契丹、蒙古等游牧民族经常选择宁武关为突破口，所以在很多历史时期，这里的战争几乎连年不断。

雄关漫道

北方的著名古代关隘

阅读链接

宁武关故址在山西省宁武县，当吕梁山脉北支芦芽山和云中山交会的谷口。

谷口宽广，敞向北面的朔县盆地。三面环山，北倚内长城，深居于四面屏蔽的腹地，形势稳固，易守难攻。

由此北上可至大同，南下可达太原。宁武关是万里长城上的重要关隘，地势险要，因其地处"三关"中路，素有"北屏大同，南扼太原，西应偏关，东援雁门"的战略作用。

坚固险要的宁武关

明代在我国历史上是一个很难用一句话概括的朝代。从推翻元朝开始，明代开国皇帝朱元璋建国之初，深知国力衰弱，而又没能将"大元"残余势力扫清，于是派遣朱棣驻北，从战略上来说就是遏制外敌入侵。

1421年，明成祖朱棣由于从小成长在北京，又深受自己父亲明太祖朱元璋深信风水的影响，决定迁都北京。然而这个迁都的举动，却将大明王朝的中心近距离地展现在外族的敌人面前。

为了弥补这个缺憾，对保护

朱元璋画像

漠北 指瀚海沙漠群的北部，也就是狭义的窿北之北，包括外蒙古跟贝加尔湖，在历史上是匈奴，突厥，蒙古人的活动中心，也是北方游牧民族向中原汉族活动的根据地。

国境进行更有效的防御，明成祖朱棣在1412年以后又开始北征。

在五次北征之后，其实除前两次有所收获外，其余的北征并没有对巩固明代的国势起到多少作用。

但在朱棣的长子朱高炽继位成为明仁宗后，在位期间发展生产、与民休息，巧妙地组织了城防，其国境相对来说是太平的。但明仁宗朱高炽期望的是再次迁都，把王朝的中心从北京迁回南京。

明仁宗朱高炽的长子朱瞻基在幼年时就非常受祖父与父亲的喜爱与赏识。早在1411年，13岁的他就已经被祖父明成祖朱棣立为皇太孙，也曾数度随明成祖朱棣征讨外敌。后来，朱瞻基在1425年登基成为明宣宗，开始了宣德王朝。

■ 明成祖朱棣画像

明宣宗和自己的祖父明成祖朱棣一样，从小成长在北京，对北京有深厚的感情，十分关心北方的处境，因此放弃了他父亲把朝廷迁回南京的计划，仍留北京为帝都。

1436年，明宣宗的长子朱祁镇继位成为明英宗。在明英宗时，外族的敌对势力，在漠北的人马已经一分为二成了瓦剌与鞑靼。

后来，瓦剌强大了起

■ 明代士兵蜡像

来，不断骚扰明朝的北边地区。当时，太监王振不断鼓动英宗发动对瓦剌御驾亲征，明英宗年轻气盛，立即采纳了建议。

但是由于明英宗准备不足，粮饷接济不足，前线屡屡失败，导致明军作战形势非常不利。最后，明英宗决定撤军。但是当军队驻扎在怀来城外的土木堡时，被瓦剌军包围，全军覆没，明英宗被俘。

失去了明英宗的明朝群龙无首，但国不可一日无主，为避免内乱，明王朝决定立明英宗的弟弟朱祁钰为帝，成为明代宗，年号景泰。在景泰元年，也就是1450年的时候，明代宗迅速下旨建立宁武关。

在此之后，宁武关的防御功能被发挥到淋漓尽致，有效地挡住了外族的入侵。同时，明代宗重用于谦等人组织北京城保卫战，打退了瓦剌的入侵。

明代宗继位后不久，原定的太子朱见深被废。但

下旨 也就是指下达圣旨，是指我国古代以皇帝名义发布公文的统称。圣旨大体上可分两大类，一是发布重大制度、典礼、封赏的文书，二是日常政务活动的文书。概括起来有制、诏、诰、敕、旨、册、谕、令、檄等。

明英宗朱祁镇画像

是后来，明英宗被瓦剌释放回国，重新取得王位，又重新把儿子朱见深设立了太子。

虽然朱见深的太子之位失而复得了，但这样波折的成长经历使他的精神压力非常大。为了更好地防御类似瓦剌的外敌，朱见深在1464年继位成为明宪宗之后，又在1466年下令增修了宁武关。

雄关漫道
北方的著名古代关隘

　　1513年，外族骑兵从大同入犯，进攻宁武关，企图由此进入晋中。守卫宁武关的官兵奋起抵抗，保卫了晋中的安全。

　　宁武关的创设、加固以及沿关防戍的修筑，将偏头、雁门、宁武三关连为一线，有效地加强了明朝北部边防，在相当一段时期内，十分有效地保障了三晋百姓的安全。

阅读链接

　　在明代宗组织防守外敌时，形势是十分严峻的。当时京师最有战斗力的部队、精锐的骑兵都已在土木堡失陷，剩下疲惫的士卒不到十万，人心惶惶，朝廷上下都没有坚定的信心。

　　但是于谦请郕王调南北两京、河南的备操军，山东和南京沿海的备倭军，江北和北京所属各府的运粮军，马上开赴京师，依然策划部署，人心稍为安定，于谦也被升为了兵部尚书。对他的意见，皇帝全都认真地接纳了。

大散关偏头关

古隘雄风

　　大散关为周代关隘，故称"散关"，是我国关中四关之一，位于陕西省宝鸡南郊秦岭北麓，自古为"川陕咽喉"。散关是一个很重要战略位置，以及交通枢纽。

　　偏头关位于山西西北部的偏关县黄河边，东连丫角山，西濒黄河，其地势东仰西伏，因此得名偏头关。

　　偏头关建于1390年，后来均有修建。偏头关历史悠久，地处黄河入晋南流之转弯处，为历代兵家争夺重地。

铁马秋风大散关

大散关是我国西周时期散国修建的关隘，所以被称为"大散关"。大散关是我国关中四关之一，位于陕西宝鸡南郊秦岭北麓，北连渭河支流，南通嘉陵江上源。

大散关当山川之会，扼西南、西北交通要道枢纽，自古以来都是

■士兵攻城塑像

■ 曹操进军汉中

川陕咽喉。

　　大散关山势险峻，层峦叠嶂，大有"一夫当关，万夫莫开"之势。在关址处立有刻着"秦岭"的石碑一通。在散关岭上的古散关关门遗址东面，还立有一通刻着"古大散关遗址"的石碑。

　　大散关是关中西南唯一要塞；自古以来由巴蜀、汉中出入关中之咽喉，战略地位非常重要。

　　正如《史记》记载：

　　　　北不得无以启梁益，南不得无以固关中。

　　因而，大散关也就成为了历代兵家看重和必争之地。在我国历史上，各国争夺散关之战共有70多次。

　　楚汉相争时，刘邦手下大将韩信"明修栈道，暗

　　《史记》也叫"太史公书""太史公传"，或称之为"太史公"，由司马迁撰写的我国第一部纪传体通史，也是《二十五史》的第一部。《史记》记载了上自上古传说中的黄帝时代，下至汉武帝太史元年间共3000多年的历史。《史记》与宋代司马光编撰的《资治通鉴》并称"史学双璧"。

■ 曹操封赏张鲁

度陈仓"就从这里经过，后曹操西征时，张鲁也经由此地。这是根据陈寿所著的记载我国三国时代的史书《三国志》的记载：

> 建兴六年春，亮复出散关，围陈仓，曹
> 真拒之。

公元前206年，汉王刘邦采取韩信的建议，开始"明修栈道，暗度陈仓"，自汉中由故道出陈仓还定三秦，经由此关。

公元26年，延岑引兵进入大散关至陈仓。

至215年的时候，曹操攻张鲁，自陈仓过大散关。

228年的时候，诸葛亮出大散关围陈仓。

1130年，宋国在富平之战中失败了。当时，宋将

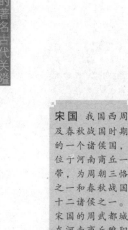

宋国　我国西周及春秋战国时期的一个诸侯国，位于河南商丘一带，为周朝三恪之一和春秋战国十二诸侯之一。宋国的周武都城在河南商丘睢阳区西南。至宋襄公之时，宋国国势渐盛达鼎盛时期，宋襄公成为春秋五霸之一。

吴玠收拾残兵，屯据和尚原，但刚立好栅寨，金兵已至原下。

有人劝吴玠移屯汉中，保住入蜀之关口，但是吴玠回答说："我保此，敌绝不敢越我而进！坚壁临之，彼惧吾蹂其后，是所以保蜀也。"

果然，吴玠后来打败了来犯的金兵。

1131年5月，金国又设立郎君及别将乌鲁折合，分两路入寇。经凤翔、凤州出大散关。

当时，吴玠的军中粮草缺乏，士兵们都没有斗志，吴玠就带着自己的弟弟吴璘召集诸将，以忠义相激励，并歃血而誓，使士兵们士气大振。

乌鲁折合的军队先到了，在和尚原北列阵，宋军更战迭休，大败折合。这时，郎君正攻箭关，吴玠选兵奋击，使金兵两路不得会合，大败而去。

金国 由我国女真族建立的统治，国城为东北和华北地区。金太祖完颜阿骨打在统一女真诸部后，于1115年在黑龙江阿城区建都立国，国号大金。海陵王完颜亮建都于北京，称为"中都"。

■ 曹操得手阳平关

■ 宋朝军队争战图

十月，完颜宗弼自熙河移兵窥蜀，引兵众十万人，从宝鸡造浮桥渡渭来犯，吴玠派了吴璘、雷仲两人，将劲兵用驻队矢迎敌，并用骑兵断其粮道，共交锋30多次，完颜宗弼中箭而败退。此役宋军大胜。

这些战争的发生，无不表明大散关在军事上的重要性。我国历代的兵家都知道，东有函谷关、南有武关、西有大散关、北有萧关，大散关自古以来就是关中四大门户之一。

不仅如此，因大散关特殊的地理位置，又是文人墨客、达官贵人游览之地。

曹操过大散关留下了《晨上大散关》的诗，唐代的诗人王勃、王维、岑参、杜甫、李商隐等也都曾为大散关留下诗篇，特别是宋代的陆游、苏东坡有关大散关的诗最多，影响也最大。

1172年时，陆游时年48岁，在南郑王炎处任幕僚从军，曾多次亲临宋时抗金前线大散关，经历了军中生活。后来，由于王炎调回临安，宣抚使府中幕僚也随之四散。北征也又一次化成泡影。

1186年的春天，陆游退居于山阴家中，已是62岁的老人。

从1181年起，他罢官已六年，挂着一个空衔在故乡蛰居，这时又以朝奉大夫、权知严州军州事被起用。年老的陆游在他即将走完人生的终点时，将自己的经历和感受，将追怀往事和重新立誓报国的两重感情凝成了《书愤》一诗。

诗中写道：

> 早岁哪知世事艰，中原北望气如山。
> 楼船夜雪瓜洲渡，铁马秋风大散关。
> 塞上长城空自许，镜中衰鬓已先斑。
> 出师一表真名世，千载谁堪伯仲间！

其中的"铁马秋风大散关"这一句，在众多诗句中都曾被提及。

诗的前四句概括了自己青壮年时期的豪情壮志和战斗生活情景，其中颔联撷取了两个最能体现"气如山"的画面来表现，不用一个动

■陆游与唐婉画像

词，却境界全出，饱含着浓厚的边地气氛和高昂的战斗情绪。

又妙在对仗工整，顿挫铿锵，而且一气贯注，组接无痕，以其雄放豪迈的气势成为千古传诵的著名对联。

"早岁哪知世事艰，中原北望气如山。"写出了英雄无用武之地的无奈与悲凉，也暗示出在这种时刻，英雄往往会回到铁马金戈的记忆里去的。

想当年，诗人北望中原，收复失地的壮志豪情，有如山涌，何等气魄！诗人何曾想过杀敌报国之路竟会如此艰难？

后四句抒发壮心未遂、时光虚掷、功业难成的悲愤之情，但悲愤而不感伤颓废。尾联以诸葛亮自比，不满和悲叹之情交织在一起，展现了诗人复杂的内心世界。

再看尾联，也用典明志。诸葛亮坚持北伐，虽"出师一表真名世"，但终归名满天宇，"千载谁堪伯仲间"。追慕先贤的业绩，表明自己的爱国热情至老不移，渴望效仿诸葛亮，施展抱负。

阅读链接

大散关第一次融入兵事，就见证了"明修栈道，暗度陈仓"的军事传奇。

项羽分封诸侯，把大散关以南的巴、蜀、汉中三郡分封给刘邦，立其为汉王。刘邦不甘心屈居一隅，一方面烧毁汉中栈道，麻痹镇守关中的大将章邯等人；另一方面，命令大将韩信率精锐部队奇袭大散关，夺取了战略要地陈仓，继而占领关中，夺了天下。

而对于曹操来说，此地不祥，张鲁据地势而列兵让他头痛不已，他曾作诗抒发烦闷："晨上散关山，此道当何难"。十多年后，蜀汉丞相诸葛亮也在此感叹天道无常，留下"出师未捷身先死"的悲壮。

九塞屏藩的偏头关

　　偏关县在汉唐时期还不出名，也没有设县治。 957年的时候置偏头砦，后来，偏头关成为北宋与西夏交兵的防卫前线，因驻扎重兵，地位一度非常高。

■偏头关关楼

■ 老牛湾堡

北疆 即新疆维
吾尔自治区的北
部。天山山脉将
新疆分为南北两
大部分，称天山
以北为北疆。北
疆地区包括乌鲁
木齐、吐鲁番地
区、阿勒泰地
区、塔城地区、
昌吉地区、伊
犁、博尔塔拉等
地区等。

后来，辽代设置了宁边州，金代沿用了这一称呼。元代时候州、县俱废，改偏头砦为偏头关。

明代洪武年间始筑关城，明代成化年间设偏头关守御千户所，嘉靖年间上升为路城，万历年间又大规模建设此城，称为"九塞屏藩"。

清代雍正年间改偏关为县，属宁武府，又名"通边关"，偏头关与宁武关、雁门关，合称"外三关"。此三关鼎峙晋北，为京师之屏障。

早在春秋战国时期，偏头关就是战场。偏关秦汉属雁门，隋属马邑，唐置唐隆镇，名将尉迟敬德在关东建九龙寺。

明代除设置"偏头关"外，在崇山峻岭的长城沿线及重要通道上建起了城堡22座，有桦林堡、老牛湾堡、草垛山堡、老营堡等。

这些堡城的边墙后来大多数仅存夯土，只有地处黄河岸边的桦林堡地段还有约30千米的边墙保存较好，全部包砖，高耸于河岸，甚为壮观。

明代，偏头关既是晋北门户，也是晋北与内蒙古互市的通商口。每逢烽烟消失之后，边关开放，关城及其周围的一些堡寨就成为蒙汉人民互市的区域。

蒙古族以大批的草原骏马进入互市区，换取汉人的丝棉织品、茶叶等物。

每当互市开放之日，关城、堡寨将士披甲戴盔，列队城外，城楼之上，礼炮轰鸣，庆祝这民族交往的盛会。边地将领、政府官员、各地商人都纷纷前来赴会，通过商品的交流，交流着民族间的感情。

偏头关关城形状不规则，东西长1.1千米，东、西、南三道城门均建瓮城，城高10米处包砖石。南门至西门一带，砖石大部犹存，气势雄伟。西墙、北墙多为夯土墙，东部城墙被毁了。

尉迟敬德 我国唐代名将，勇武善战，一生戎马倥偬，驰骋疆场屡立战功。传说其面如黑炭，被尊为驱鬼避邪，祈福求安的中华门神。在我国传统文化中尉迟恭与秦琼是"门神"的原型。

■ 明长城烽火台

■ 老牛湾明长城遗址

偏关城历经明清两代兴建，规模大展，地处盆地，但随着东高西低的山势，像一只头枕塔梁山，卧于关河川的巨犀，又称"犀牛望月"城。

城内主大街纵贯南北，楼房林立，商贾云集，街市一新。明清时期建筑古民居，青瓦房舍，各抱地势，一展古朴古香的风韵。

偏关县的长城遗迹，还有黄河边堡届，又称"西河石边"，俗称"黄河边"。这座明代长城，北接偏关县老牛湾，沿黄河岸边蜿蜒而行，南经山西河曲县石梯口隘，全长约100千米。

黄河边堡墙的具体位置在老牛海至寺沟黄河沿岸，是1468年的时候当时的总兵王玺建造的，后来的嘉靖万历年间对其进行过增筑。

此段长城多有黄河悬崖天险屏障，多数地段未筑墙体，只在沟口崖头筑寨据守，沿岸多建望台设防。

夯土 古代建筑的一种材料，以木为主角，土为辅助，石、砖、瓦为配角。在古代，用作建筑的土大致可分为两种，自然状态的土称为"生土"而经过加固处理的土就被称为"夯土"，其密度较生土大。

只有寺沟至黑豆埝，关河口至尖刺湾建石城墙，红色黏土夯筑，外墙条石、城砖包之。每隔一二百米筑马面或城楼。这段长城数百年来虽有自然及人为破坏，仅存土墙，但气势不逊于当年。

此边地处晋陕峡谷之中，黄河充当了天堑。长城建筑因地制宜，通道豁口之处，又筑石边、土墙，陡峭的崖壁山上筑烽火台，连绵不断，构成严密的军事防御体系。

偏头关形若覆盆，关外有四道边墙：

第一道称"大边"，在关外60千米处，东起平鲁县崖头墩，西抵黄河，长150千米，无墙而有藩篱。

第二道称"二边"，在关外30千米，东起老营鸦角墩，西至黄河老牛湾，南至河曲县石梯隘口。这道边墙实际上是外长城的一部分。

第三道在关东北15千米，东接老营堡，西抵白道坡，长45千米。

第四道在关南1千米处，东起长林鹰窝山，西达教场。在黄河岸边桦林堡地段，尚存边墙约30千米，全部砖砌，高耸于河岸之上，甚为壮观。其余大部分夯土犹存。明代这道关的防备严密性，比宁武、雁

■ 明代铁炮

■ 明长城

门两关有过之而无不及。

明代这道关实际上已处在北界。北接内蒙古高原，西隔黄河与鄂尔多斯高原相对，内外长城在关东老营堡处相接。

初建时，蒙古势力侵犯边界，又深入鄂尔多斯内部，屡犯晋西，这关首当其冲。《偏关志》称："宣大以蔽京师，偏头以蔽全晋。"

明代弘治年间，蒙古鞑靼部达延汗统一了蒙古后，经常率兵南犯。嘉靖年间，其孙俺答数次入侵偏头关。隆庆初期，蒙古兵再由偏头关西北侵入，进犯岢岚、岚县，并深入晋中地区。

由此可知，在明代中期，偏头关成了蒙古兵和明军的重要战场。

雄关漫道 北方的著名古代关隘

阅读链接

在偏头关东南1000米的地方有个凌霄塔，是明代的建筑。据有关碑文记载，凌霄塔创建于1621的时候，起初为7层。至1635年加高了4层，后来在1679年和1857年的时候均有维修。

凌霄塔是砖石结构、八角形楼阁式的空心雁塔。凌霄塔的基座两层塔底部周长是29米，塔高35米，由于塔的外观形似文笔，所以也叫"文笔凌霄"塔。从凌霄塔的第二层开始，每层都有四个窗洞。凌霄塔的内部由内壁隐筑楼梯，保存完好，是偏头关的一大景观。